O EVANGELHO
DA MENINADA

ELISEU RIGONATTI

# O EVANGELHO DA MENINADA

Editora
Pensamento
SÃO PAULO

Copyright © 1965 Eliseu Rigonatti.

Copyright da edição brasileira © 1984 Editora Pensamento-Cultrix Ltda.

1ª edição 1984.

20ª reimpressão 2015.

Todos os direitos reservados. Nenhuma parte deste livro pode ser reproduzida ou usada de qualquer forma ou por qualquer meio, eletrônico ou mecânico, inclusive fotocópias, gravações ou sistema de armazenamento em banco de dados, sem permissão por escrito, exceto nos casos de trechos curtos citados em resenhas críticas ou artigos de revistas.

*A*
*Diaulas Riedel*
*oferece, dedica e*
*consagra com gratidão o*
*Autor*

---

Direitos reservados
EDITORA PENSAMENTO-CULTRIX LTDA.
Rua Dr. Mário Vicente, 368 – 04270-000 – São Paulo, SP
Fone: (11) 2066-9000 – Fax: (11) 2066-9008
E-mail: atendimento@editorapensamento.com.br
http://www.editorapensamento.com.br
Foi feito o depósito legal.

# SUMÁRIO

| | |
|---|---|
| Prefácio da 2.ª Edição | 9 |
| Lina, a Contadeira de Histórias | 13 |
| Lina Começa a Contar-nos a História de Jesus | 14 |
| O Nascimento de Jesus | 14 |
| Os Pastores de Belém | 16 |
| Os Magos do Oriente | 18 |
| A Fuga Para o Egito, a Matança dos Inocentes | 21 |
| A Volta do Egito | 23 |
| O Menino Jesus no Meio dos Doutores: Sua Infância | 24 |
| A Pregação de João Batista | 26 |
| A Tentação de Jesus | 28 |
| As Bodas de Caná — A Água Feita Vinho | 30 |
| Jesus é Expulso de Nazaré | 31 |
| Cura de um Endemoninhado | 34 |
| A Cura da Sogra de Pedro | 35 |
| A Pesca Maravilhosa — Os Primeiros Discípulos | 35 |
| Cura de um Leproso | 38 |
| Cura de um Paralítico | 39 |
| A Vocação de Levi | 40 |
| Acerca do Jejum | 42 |
| Jesus é Senhor do Sábado | 43 |
| Cura de um Homem que Tinha uma das Mãos Ressicada | 45 |
| Eleição dos Doze | 46 |
| O Sermão da Montanha | 47 |
| O Centurião de Cafarnaum | 51 |
| O Filho da Viúva de Naim | 52 |
| Jesus Instrui Nicodemos Acerca do Novo Nascimento | 54 |
| João Envia Dois Discípulos Seus a Jesus | 55 |
| A Morte de João Batista | 56 |
| A Mulher que Perfumou Jesus | 57 |
| As Mulheres que Serviam Jesus com os Seus Bens | 59 |

| | |
|---|---|
| Cura de um Surdo-Mudo de Decápolis | 59 |
| A Parábola do Semeador | 60 |
| A Família de Jesus | 61 |
| Jesus Apazigua a Tempestade | 62 |
| O Endemoninhado Geraseno | 62 |
| A Filha de Jairo e a Cura de uma Mulher | 63 |
| A Missão dos Doze | 65 |
| Herodes e João Batista | 65 |
| A Multiplicação dos Pães | 66 |
| A Confissão de Pedro | 67 |
| Cada um Deve Levar a Sua Cruz | 68 |
| Jesus Anda Sobre o Mar | 68 |
| A Transfiguração | 69 |
| Cura de um Jovem Lunático | 70 |
| O Maior no Reino dos Céus | 71 |
| Quem Não é Contra Nós, é Por Nós | 71 |
| O Reino dos Céus | 72 |
| A Parábola do Credor Incompassivo | 73 |
| A Parábola dos Trabalhadores e das Diversas Horas do Dia | 74 |
| A Quem te Bater Numa Face, Oferecei-lhe Também a Outra | 76 |
| O Tesouro que a Traça não Rói | 77 |
| Acerca dos que Seguem Jesus | 79 |
| A Missão dos Setenta e Dois Discípulos | 81 |
| O Bom Samaritano | 82 |
| Marta e Maria | 83 |
| A Oração Dominical | 84 |
| Parábola do Amigo Importuno | 86 |
| A Blasfêmia dos Fariseus | 86 |
| A Parábola do Rico Louco | 89 |
| Solicitude Pela Nossa Vida | 91 |
| A Mulher Culpada | 92 |
| A Ressurreição de Lázaro | 93 |
| Advertências de Jesus | 94 |
| Cura de uma Mulher Paralítica | 96 |
| A Porta Estreita | 97 |
| Jesus é Avisado do Ódio de Herodes | 98 |
| A Cura de um Hidrópico | 98 |
| Parábola dos Primeiros Assentos e dos Convidados | 99 |
| Parábola da Grande Ceia | 100 |
| Parábola Acerca da Providência | 101 |
| Parábola da Ovelha e da Dracma Perdidas | 103 |

Parábola do Filho Pródigo .................................... 105
Parábola do Mordomo Infiel ................................... 107
A Autoridade da Lei ........................................... 108
A Parábola do Rico e de Lázaro ............................... 109
Cura de Dez Leprosos ......................................... 111
A Vinda Súbita do Reino de Deus ............................. 112
A Parábola do Juiz Injusto .................................... 113
A Parábola do Fariseu e do Publicano ......................... 115
Jesus Abençoa os Meninos ..................................... 116
O Moço Rico .................................................. 117
Jesus Anuncia Sua Paixão ..................................... 118
O Cego de Jericó ............................................. 119
Zaqueu, o Publicano .......................................... 120
Parábola dos Dez Talentos .................................... 121
A Entrada Triunfal de Jesus em Jerusalém .................... 123
O Sermão Profético; o Princípio das Dores .................... 124
A Purificação do Templo ...................................... 125
O Batismo de João ............................................ 126
Parábola dos Fazendeiros Maus ................................ 127
A Questão do Tributo ......................................... 128
Os Saduceus e a Ressurreição ................................. 129
Jesus Censura os Escribas .................................... 130
A Pequena Oferta da Viúva Pobre .............................. 131
O Pacto da Traição ........................................... 131
Jesus Lava os Pés dos Seus Discípulos ........................ 132
A Última Páscoa, a Santa Ceia ................................ 133
O Maior Será Como o Menor .................................... 134
Pedro é Avisado .............................................. 135
As Últimas Instruções de Jesus a Seus Discípulos ............. 135
Jesus em Getsêmani ........................................... 136
Jesus é Preso ................................................ 138
Pedro Nega Jesus ............................................. 138
Jesus Perante o Sinédrio ..................................... 139
Jesus Perante Pilatos e Perante Herodes ...................... 140
A Crucifixão ................................................. 143
A Sepultura de Jesus ......................................... 144
A Ressurreição ............................................... 144
Jesus se Apresenta aos Discípulos ............................ 145

## PREFÁCIO DA 2.ª EDIÇÃO

*Este livro nasceu quando eu era menino. Naquele tempo usava-se contar histórias para as crianças. Elas nos levavam ao mundo encantado da Fantasia, e faziam desfilar diante de nós fadas, bruxas, anões, animais que falavam, rainhas, reis, castelos enfeitiçados, Pedros Malazartes, carochinhas, até que o sono, fazendo-nos pender a cabeça, levava-nos ao leito, embalando-nos com visões coloridas de um reino maravilhoso para lá das sete montanhas.*

*Que falem os psicólogos, psiquiatras e educadores modernistas e arrojados, a criança jamais viverá fora do Reino do Maravilhoso.*

*No país dos sonhos infantis, tudo tem vida e se movimenta. O palito de fósforo tem pernas e braços e sua cabecinha, olhos, nariz, boca e fala. Os boizinhos feitos de melão-de-são-caetano mugem, puxam carros e um deles é um touro, o senhor do pasto, o dono do curral, pastor das vaquinhas.*

*Foi o que Monteiro Lobato bem compreendeu criando o Reino das Águas Claras com o seu Príncipe Escamado, o Escorpião Negro, o dr. Caramujo, o Major Agarra e Não Larga Mais, o sapo, sentinela do palácio, a Emília, bonequinha de pano muito arteira, o Rabicó, o dr. Sabugosa, feito de sabugo de milho, um dos maiores sábios que o mundo já viu; Narizinho Arrebitado com seu primo Pedrinho são sínteses perfeitas de todas as crianças do mundo. E a Viagem Maravilhosa de Nils Holgersson que, transformado num gnomo de palmo de altura por Selma Lagerlöf, viaja nas costas de um pato selvagem por toda a Suécia; são os irmãos Grimm com seus "Contos de Fadas"; é Hans Christian Andersen, criador de contos notáveis pela graça e a fertilidade da imaginação; é Pinóquio, Peter Pan, o Capitão Gancho, Alice no*

*País das Maravilhas, o Mágico de Oz, todos, todos que compreenderam a alma infantil e que povoaram o mundo das crianças de personagens imorredouras.*

Já não se contam histórias às crianças, e é pena. Elas contribuíam bastante para a união, a harmonia familiar. À noite, após o jantar, ao redor de papai, mamãe, vovô e vovó, reunia-se a criançada e se ouviam histórias até que alguém cabeceasse de sono, fato que se verificava uma hora ou menos depois do início da sessão. Papai e mamãe carregavam as crianças para a cama, e nós íamos sonhando que tripulávamos a caravela pirata à procura da ilha do tesouro. Depois papai lia os jornais e mamãe retomava a cesta de costura; os avós cochilavam até que o relógio grande desse dez horas; todos se recolhiam, as luzes se apagavam e o lar mergulhava em doce quietude.

A história que vão ler, eu a ouvi em minha longínqua meninice. Ela me acompanhou durante a vida, e até agora quando, com meus cabelos branquinhos, avisto o porto de chegada.

Em minha viagem pelo mar do mundo, quando as ondas revoltas e os vendavais me atiravam contra os arrecifes, ou me ameaçavam com os sorvedouros regirantes, a lembrança dessa história era o meu salva-vidas seguro; a ela me agarrava, me firmava, até que a ventania amainasse e as ondas se amansassem e a rota prosseguisse por águas mais serenas. E como ela me valeu muito para arrostar a adversidade, é que resolvi escrevê-la, cumprindo meu dever para com os navegantes que vêm atrás de mim no oceano encapelado da vida.

Todos sabem que existe o Evangelho, mas poucos o leram; e esses poucos raramente repetem a leitura para lhe fixar as lições. Este livro, de maneira fácil, ajudará os que quiserem conhecer os quatro evangelhos: o de Mateus, o de Marcos, o de Lucas e o de João, que aqui comparecem, não resumidos, mas por inteiro; deles aboli apenas a repetição dos fatos que lhes são comuns, e lhes tornei a linguagem corrente, como no tempo em que as palavras fluíam dos lábios de Lina, a contadeira de histórias.

*Tenho para mim que num dos escaninhos de nosso "eu", não importa a idade que tenhamos, seja ela 80 anos, ou mais,* ou menos, guardamos um menino, o menino que fomos em nossa puerícia, o qual, cavalgando um cabo de vassoura, espada de pau na cinta, elmo de papel na cabeça, julgava-se apto a conquistar o mundo. Do mesmo modo a mulher, avó de muitos netos, acaricia em seu íntimo a menina que foi e que sonhou que um príncipe, em dourada armadura, viseira erguida, lança em riste, montando esplêndido corcel negro ajaezado de prata, veio reqüestá-la no portão de seu castelo.

    A este menino e àquela menina, ofereço, dedico e consagro este livro.

*O Autor.*

## LINA, A CONTADEIRA DE HISTÓRIAS

Foi no tempo em que eu morava no Itambé,[1] já lá vão muitos, muitos anos, talvez mais de quarenta.[2] Eu andava pelo curso primário, na escola do professor Amador.

Itambé era um povoado tranqüilo, rodeado de matas quase virgens, de fazendas de criação, e de sítios; distava de Barretos quatro léguas, ao norte do Estado de São Paulo. Era o que então se chamava uma boca do sertão. Ali minha infância decorreu serena, sem cuidados, como são todas as infâncias dos que têm a fortuna de nascer no seio de famílias moralmente bem formadas.

A pacatez daquele agrupamento humano quebrava-se apenas uma vez por semana, aos domingos, quando o pessoal das fazendas e dos sítios vinha à vila fazer compras. Nesse dia, as frentes das vendas, dos armazéns e das lojas, ficavam cheias de cavalos amarrados nas estacas, e as ruas arenosas eram cruzadas por troles e carroças. O automóvel era uma raridade; de quando em quando aparecia um, e todos corriam a vê-lo, apalpá-lo, admirá-lo.

Outra coisa que desfazia um pouco a monotonia daquele viver eram os períodos das férias escolares, quando os filhos das famílias que estudavam nas cidades grandes voltavam para passar as férias em suas casas. Organizavam freqüentemente, ora na casa de um, ora na casa de outro, serões alegres que ajudavam a passar algumas horas da noite. Fora disso, a povoação adormecia logo após o aparecimento das estrelas, já que não possuía luz elétrica.

Dentre os estudantes que nas férias apareciam por lá, guardo suave lembrança de uma mocinha morena, de olhos

---
(1) Hoje Ibitu.
(2) Corria o ano de 1918.

pretos, grandes e rasgados que lhe iluminavam o rosto; chamava-se Lina, e era minha vizinha.

Lina gostava de contar histórias. E quantas que ela sabia!

À tardinha, depois do jantar que era servido cedo, ela reunia um grupo de crianças em sua casa, e os personagens de um mundo maravilhoso ganhavam vida ante nossos olhos, evocados por sua voz doce e mansa, até que o relógio da parede batesse oito horas, quando ela nos mandava para casa, dormir.

### LINA COMEÇA A CONTAR-NOS A HISTÓRIA DE JESUS

Uma noite, Lina nos disse:

— Tenho agora uma história muito bonita, e muito verdadeira para contar-lhes. É a história de um homem bom, que viveu unicamente para ensinar os homens a amarem-se como irmãos, e a fazerem o bem uns aos outros. Esse homem chamava-se Jesus, e é a história dele que vocês vão ouvir.

— Essa história também eu quero ouvir, falou dona Leonor, tia de Lina, que num canto da sala cerzia meias. Eu a conheço mas quero recordá-la.

— Como coisa que a senhora não ouviu todas as outras, disse Lina com um sorriso.

E dirigindo-se ao círculo de crianças que bebia suas palavras, começou:

### O NASCIMENTO DE JESUS

— Havia em Roma um imperador chamado César Augusto. Esse imperador promulgou uma lei mandando que fosse feito um recenseamento em todo o mundo. Vocês sabem o que é um recenseamento?

— Não senhora, respondemos em coro.

— Eu sei, disse o sr. Antônio, tio de Lina, que também não perdia nenhuma história.

— Muito bem, titio! exclamou dona Lina, e explicou: recenseamento é fazer, por ordem do governo, uma lista de todos os habitantes do país, homens, mulheres, e crianças;

procede-se em seguida à contagem, e fica-se sabendo quantas pessoas há no país.

— E por que, dona Lina, o imperador mandou que o alistamento se fizesse em todo o mundo? perguntei.

— Porque, naquele tempo, Roma era a senhora do mundo. Os Romanos governavam todas as nações conhecidas da Terra; e como eram muito poderosos, todos lhes obedeciam. Assim, cada um tinha de ir alistar-se em sua cidade, mesmo que morasse em cidade diferente.

Procurem no mapa-múndi o mar Mediterrâneo que começa aqui no estreito de Gibraltar, por onde comunica com o oceano Atlântico, e banha as terras da Europa, da África, e da Ásia; lá no fim onde ele termina, vocês encontrarão um país, também banhado por ele, e que se chama Palestina. É nesse país que se passa a história que lhes estou contando.

Ora havia em Nazaré, pequena aldeia da Palestina, um casal: José e Maria. Este casal precisava ir alistar-se em seu lugar de origem, que era Belém.

— O que é lugar de origem, dona Lina? perguntou Cecília, a filha de dona Júlia, a costureira.

— Lugar de origem de uma família, explicou dona Lina, é onde se julga que uma família comece. José e Maria acreditavam-se descendentes do rei Davi, cujo berço foi Belém; e por isso dirigiram-se para lá.

A viagem foi penosa, naqueles tempos não havia as comodidades de hoje para viajar. E um pouco a pé, outro pouco montados num burrico, venceram a distância que separava as duas povoações. E quando chegaram em Belém... que judiação! Não havia lugar para o casal se hospedar; nem um quartinho, nem uma cama, nada!

— E por que, dona Lina? perguntamos.

— Porque todos aqueles que eram originários de Belém, e que estavam espalhados pelo mundo, vieram também alistar-se ali. E com isso as pensões, os abrigos, as casas, tudo estava cheio. José não sabia mais onde se dirigir para arranjar um lugarzinho. E o pior é que Maria estava para ganhar um nenê.

— Para ganhar um nenê! exclamou Joaninha, a filhinha do sapateiro da esquina. Que bom! Nós também lá em casa, na semana passada, ganhamos um. Ele é tão bonitinho!

— Com muito custo, prosseguiu dona Lina, conseguiram acomodar-se num curral, nos arrabaldes. E numa noite muito bonita, de um céu todo estrelado, perfumada pela brisa suave que vinha dos campos, Maria ganhou o seu nenê. Vestiu-o com suas roupinhas, enfaixou-o, e deitou-o na manjedoura, que lhe serviu de berço; e pôs-lhe o nome de Jesus.

Nisto o relógio da sala de jantar deu oito horas. Dona Lina despediu-nos dizendo:

— Agora vocês vão para casa dormir. Amanhã continuaremos.

E com um alegre "boa-noite, dona Lina", dispersamo-nos.

### OS PASTORES DE BELÉM

Na tardinha seguinte estávamos a postos, e dona Lina continuou:

— Ora, ali pelos arredores, os pastores traziam seus rebanhos para passarem a noite em segurança; enquanto uns dormiam, outros vigiavam.

— Vigiavam por que, dona Lina? perguntou a Joaninha.

— Para que os lobos maus não lhes furtassem as ovelhas, querida. Alguns deles estavam ao pé de uma fogueirinha aquecendo-se, quando junto deles apareceu um anjo de Deus, e uma luz brilhante os iluminou a todos.

— O que é um anjo, dona Lina? perguntou o João André, cuja mãe também estava ouvindo a história.

— Papai disse que anjo é um Espírito superior muito bom e muito puro, e que se nós fizermos sempre o bem para todos, acabaremos virando anjos, explicou apressadamente a Joaninha.

— Isso mesmo, querida! exclamou dona Lina. Os pastores levaram um susto, e ficaram com medo; mas o anjo lhes disse:

— "Não tenham medo; venho trazer-lhes uma notícia que será de grande alegria para vocês e para todo o povo; é que hoje nasceu o Salvador do mundo, que é Jesus. E se vocês quiserem ir vê-lo, este é o sinal que lhes fará conhecê-lo: acharão um menino envolto em panos e posto numa manjedoura".

E quando o anjo acabou de falar, apareceram ao seu lado muitos e muitos outros anjos, todos eles irradiando uma luz tão brilhante, que clareou aqueles campos até ao longe. E os anjos cantavam: "Glória a Deus lá nas alturas, e paz na Terra a todas as suas criaturas".

Em seguida os anjos subiram para o céu, e os pastores ficaram sozinhos ao pé da fogueira, que se extinguia:

Um deles, pensativo e admirado, abaixou-se, avivou as chamas, e disse:

— "Vamos até Belém, e vejamos o que é que aconteceu, o que é que Deus nos revelou".

Deixaram um de guarda às ovelhas, e os outros foram a Belém. E como o anjo dissera que o menino estava numa manjedoura, dirigiram-se diretamente ao curral.

— Será que havia só um curral em Belém, Lina? perguntou a mãe do João André.

— É de crer que sim, dona Aninhas; ao demais Belém era pequenina e seria fácil aos pastores visitarem em pouco tempo outros currais, se houvesse mais do que um. Mas os pastores chegaram ao curral, e de fato acharam Jesus envolto em seus paninhos, dormindo na manjedoura, forradinha de capim bem fofinho. Maria estava acomodada ao seu lado, e José, de pé à cabeceira, velava pelos seus dois entes queridos.

Os pastores achegaram-se à manjedoura, e contemplaram respeitosamente o menino. E contaram aos pais a visão maravilhosa que tiveram. Junto com os pastores chegou mais gente, e todos ficaram admiradíssimos do que ouviam. Vendo os pastores que era verdade o que o anjo lhes anunciara, retiraram-se dando graças a Deus. Maria ajeitou melhor o menino, e um pouco preocupada com a visita dos pastores, pediu ao Altíssimo que amparasse o seu filhinho; e sorrindo para José que estava pensativo, adormeceu.

— E por hoje chega, concluiu dona Lina. Vão direito para casa, que tenho muito que fazer ainda.

— Dona Lina, a senhora poderia explicar-nos por que o anjo disse que Jesus seria o Salvador do mundo? Depois iremos embora, pedi eu:

— Jesus é o Salvador do mundo porque veio ensinar os homens a praticarem somente boas ações, a se amarem como irmãos, e a perdoarem-se uns aos outros, porque só assim serão felizes. E agora até amanhã para todos.

## OS MAGOS DO ORIENTE

— Mas não foram apenas os pastores que vieram visitar Jesus quando ele nasceu. Ele recebeu também a visita dos magos do Oriente, continuou dona Lina na noite seguinte, com o pessoalzinho acomodado ao seu redor.

— Dos magos do Oriente! exclamou de olhos arregalados o Roberto, filho do advogado.

— Sim, dos magos do Oriente. Eles apareceram em Jerusalém, que era a capital da Palestina, e se puseram a indagar onde estava o rei dos judeus que tinha nascido, porque tinham visto no Oriente a sua estrela, e queriam adorá-lo.

Dona Lina percebeu que muitas perguntas iam chover sobre ela, dos grandes e dos pequenos ouvintes, e por isso apressou-se a explicar:

— Mago quer dizer sábio. Eram sacerdotes de antigas religiões daquelas terras da Pérsia, donde esses magos tinham vindo; ocupavam-se do culto religioso, e estudavam todas as ciências. E como conheciam também as coisas da espiritualidade, sabiam que um dia viria ao mundo um Espírito muito superior, o mais superior de quantos já tinham vindo à Terra, para ensinar aos homens a viverem de acordo com as leis divinas. Esse Espírito superior exerceria entre os homens um reinado espiritual, e por isso o chamaram de rei. Compreenderam?

— E a estrela, dona Lina, e a estrela? perguntamos sem que nos pudéssemos conter.

— Oh! A estrela! Essa é maravilhosa, continuou dona Lina espicaçando-nos a curiosidade. Imaginem vocês que ela guiou os magos através das montanhas da Pérsia, dos desertos ardentes da Arábia, dos vales perfumados da Síria, até Jerusalém, onde chegaram montados em camelos, chamando a atenção de todos. E lá ela desapareceu.

— Com o que então deixou os pobres magos atrapalhados! exclamou o sr. Antônio. Mas ela não podia tê-los guiado diretamente a Belém?

— Calma, meu caro tio, calma que lá chegaremos também, disse dona Lina rindo. Eu gostava de vê-la rir, porque se formavam duas covinhas encantadoras em suas faces; e prosseguiu:

— Porque já não vissem a estrela é que os magos começaram a perguntar onde tinha nascido o menino. E assim foram conduzidos à presença do rei Herodes, o qual, quando soube o que os magos procuravam, não gostou muito.

— Por que ele não gostou, dona Lina? perguntou o Roberto.

— Porque ficou com medo de perder o trono. E como também ele não sabia responder, curiosíssimo, mandou chamar todos os sábios da cidade, e lhes perguntou onde havia de nascer o Cristo. Os sábios leram nos antigos livros sagrados, e encontraram a indicação no livro do profeta Miquéias, que vivera há setecentos anos antes de Jesus, o qual profetizava que havia de nascer em Belém.

— O que é um profeta, dona Lina? perguntou a Joaninha.

— Profeta, naqueles tempos, era um homem que recebia avisos do mundo espiritual, e os transmitia aos homens. Herodes deu a indicação aos magos e inquiriu deles, com todo o cuidado, que tempo havia que lhes aparecera a estrela. Pediu-lhes que fossem a Belém, e se informassem muito bem que menino era esse, e que depois de o terem achado voltassem para dizer-lhe, porque ele também queria ir adorá-lo.

E os magos partiram; e logo a estrela que os guiara do Oriente, reapareceu diante deles, e levou-os até onde estava o menino.

— Não compreendo porque a estrela não os fez seguir diretamente a Belém, insistiu o sr. Antônio.

— Porque com a passagem dos magos pela capital, a atenção do povo seria despertada, e veriam que se cumpriam as profecias, isto é, os avisos que de há muito tempo vinham recebendo do mundo espiritual sobre a vinda do Salvador; e assim seria inaugurada no mundo uma era de paz e de amor. Infelizmente isso não aconteceu; os dirigentes do povo não souberam ou não quiseram tomar conhecimento do fato, de medo de perderem suas regalias.

Os magos ficaram contentíssimos quando viram de novo a estrela. E parando a estrela em cima do curral, nele entraram e acharam o menino.

Maria velava por ele, como o fazem todas as mães quando seus filhos são pequeninos. Os magos o adoraram, e mandaram que seus criados descessem dos camelos as malas; e tiraram delas ouro, incenso e mirra, e deram de presente ao menino.

— O meu irmãozinho também ganhou presentes; só que foi talco, roupinhas e uma canequinha de prata, falou a Joaninha.

— Pois é; por aí vemos que o costume de se dar presentes às criancinhas vem de muito longe, disse dona Aninhas.

— Estou intrigado é com essa estrela, tornou a falar o sr. Antônio. Como é que ela podia mover-se tanto no céu, sem despertar a atenção do mundo inteiro?

— Explico, disse dona Lina. Não era realmente uma estrela. Era um Espírito elevado, cuja luz espiritual se fazia visível aos magos, e assim lhes facilitava encontrar o lugar onde Jesus tinha nascido; do contrário eles nunca poderiam achá-lo.

— Agora compreendo, disse o sr. Antônio.

— À noite, quando os magos dormiam, tiveram um sonho: sonharam que não deviam voltar a Herodes. E de madrugada, arrumaram suas coisas no dorso dos camelos, despediram-se do casal, e voltaram para seu país por outro caminho.

— E por que, dona Lina? perguntaram três ou quatro vozes.

— Amanhã vocês saberão. São horas de dormir, e tenham lindos sonhos, concluiu dona Lina levantando-se, e acompanhando-nos até a porta da rua.

## A FUGA PARA O EGITO, A MATANÇA DOS INOCENTES

No dia seguinte, nem bem acabáramos de jantar, já estávamos em casa de dona Lina, à espera da continuação da história.

Joaninha trouxe mais dois meninos, o Juquinha e o Antoninho, seus vizinhos. Dona Lina ajudava dona Leonora arrumar a cozinha, e gritou-nos lá de dentro:

— Esperem que já vou; enquanto isso acomodem-se direitinho.

E quando veio, sentou-se em seu lugar, e começou a história da noite assim:

— Alguns dias depois que os magos partiram, dormia José recostado ao lado da manjedoura, depois de Maria ter cuidado do menino, e sonhou. Sonhou que lhe apareceu um anjo vestido de luz, que lhe disse:

— "Levanta-te, José, toma o menino e sua mãe, e foge para o Egito, e fica-te lá até que eu te avise. Porque Herodes vai procurar o menino para matá-lo".

— Ah! Era por isso que ele queria que os magos voltassem! exclamou a Joaninha.

— E por que Herodes queria matar o menino, dona Lina? perguntou o Antoninho.

— Porque os magos disseram que tinham vindo adorar o rei dos judeus que nascera; e os profetas antigos profetizaram que ele reinaria sobre todo o povo; e como Herodes era o rei, ficou com medo de perder o lugar.

José obedeceu ao aviso celeste; embora fosse noite alta levantou-se, contou o sonho à Maria, arrumaram suas coisas, e partiram para o Egito.

— Foram a pé, dona Lina? perguntou o Juquinha.

— Não; José tinha um burrico, com o qual vieram a Belém. Maria com Jesus no colo ia montada no burrico, e José ia a pé, puxando o burrico; passaram por entre as ovelhas que dormiam no curral, seguiram por uma ruazinha, e ganharam a estrada.

— Mas o Egito é tão longe! exclamou Roberto.

— Sim, daqui do Brasil; mas da Palestina ao Egito não era assim tão longe, porque eram países vizinhos. Herodes esperou alguns dias, talvez uma semana, que os magos voltassem com a notícia. E quando percebeu que os magos não voltariam, e já deviam estar a caminho de suas terras, ficou furiosíssimo. Querendo a qualquer preço liquidar com Jesus, sabem o que ele fez?

— Não, senhora, respondemos.

— Mandou soldados a Belém, com ordem de matar todos os meninos que tivessem a idade de dois anos para baixo. Os soldados chegaram e executaram a ordem para desespero daquelas pobres mãezinhas.

— Mas por que matar todas as criancinhas? perguntou a Joaninha, que era a que mais falava.

— Todas as criancinhas, não. Só os meninos. Herodes esperava que no meio deles estivesse Jesus, mas enganou-se; Jesus já estava longe.

— Será que eles mataram muitas crianças, Lina? perguntou dona Aninhas.

— Não. Segundo os historiadores, Belém naquela época era uma aldeia que contava com dois mil habitantes, mais ou menos. Admitindo-se que nascem em cada ano trinta crianças para cada mil habitantes, e ainda levando-se em conta que são meninos e meninas, e que só os meninos foram atingidos, teremos uns vinte e cinco meninos sacrificados por Herodes.

— Que judiação!!! exclamou alto dona Leonor.

— Estes pequeninos são considerados os primeiros mártires da doutrina de Jesus, concluiu dona Lina, dando-nos boa-noite e mandando-nos para casa.

## A VOLTA DO EGITO

Eis o que ouvimos de dona Lina na noite seguinte:

— Passaram-se alguns meses. José continuava no Egito com sua família, aguardando o momento oportuno de voltar para sua terra.

No Egito viviam muitos compatriotas de José, e eles o ajudavam dando-lhe serviço, pois que José era um hábil carpinteiro. Uma noite estava ele dormindo, e sonhou que lhe apareceu o mesmo anjo vestido de luz cristalina, e de seus lábios puros saíram estas palavras:

— "Levanta-te, José, toma o menino e sua mãe, e vai para Israel; porque já morreram os que queriam matar o menino".

— Israel, dona Lina, o que é isso? perguntou Cecília.

— É o nome que também tinha a Palestina. Para que vocês possam compreender melhor as diversas coisas que se passarão em nossa história, vou dar-lhes uma lição de geografia.

A Palestina ou Israel no tempo de Jesus tinha uma superfície de 25.590 quilômetros quadrados. Era mais ou menos do tamanho de nosso Estado de Alagoas. Era banhada pelo mar Mediterrâneo; seu principal rio é o rio Jordão, com um percurso sinuoso de 322 quilômetros, correndo do norte para o sul. Se o rio Jordão não fosse tão cheio de curvas, ele faria o mesmo percurso em linha reta em apenas 105 quilômetros.

A Palestina dividia-se em três partes, que eram: a Galiléia, a Samaria e a Judéia. A Galiléia era a mais bonita das três; possuía muitos riachos e poços d'água; produzia azeitonas, uvas, trigo, cevada, frutas e gado. Foi na Galiléia que Jesus passou sua infância, e ali começou a trabalhar em benefício da humanidade; na Galiléia também nasceram quase todos os seus doze discípulos.

As outras duas regiões, a Samaria e a Judéia, já não são tão férteis, sendo a Judéia uma região pedregosa, e a Samaria muito montanhosa.

Pois bem; quando José chegou com sua família à Judéia, soube que lá reinava Arquelao, filho de Herodes. E como

Arquelao não era melhor do que seu pai, José receou ficar ali, e retirou-se para sua antiga casa em Nazaré, que fica na Galiléia. É por isso que Jesus também é chamado Nazareno.

— Mas Arquelao não mandava também na Galiléia? perguntou o Juquinha.

— Não; as três regiões eram quase que independentes, e por isso tinham governos diferentes.

Nisso, para grande desespero nosso, chegaram visitas, e dona Lina interrompeu a história, para continuá-la na noite seguinte.

### O MENINO JESUS NO MEIO DOS DOUTORES; SUA INFÂNCIA

— Foi em Nazaré que Jesus cresceu, e passou sua infância. Ele era muito inteligente, estudioso e trabalhador. Quando completou sete anos, seus pais o matricularam na escola, onde aprendeu a ler e a escrever; dedicava uma parte de seu tempo a brincar com seus companheiros, e outra parte a trabalhar com seu pai na carpintaria e a estudar as lições.

— O Juquinha também faz assim, dona Lina, falou Joaninha.

— Muito bem, Juquinha! exclamou dona Lina. Conte-nos como você faz.

— Vou à escola, ajudo papai vender pão na padaria, brinco um pouco, e estudo minhas lições, respondeu ele modestamente.

— Esse viver pacífico, prosseguiu dona Lina, era interrompido uma vez por ano, quando todos os que moravam no interior iam a Jerusalém para assistir à festa da Páscoa, que se realizava no grande templo. Formavam caravanas, e partiam para Jerusalém; lá se demoravam durante os dois dias de festa, e depois se reuniam de novo e voltavam.

Ora, quando Jesus tinha doze anos, aconteceu um fato interessante com ele. Como de costume, foram a Jerusalém pela festa da Páscoa, assistiram a ela e, uma vez terminada, puseram-se de volta de madrugada, José e Maria caminhavam no grupo detrás, de pessoas mais velhas, e os moços nos grupos da frente, brincando pela estrada. Por isso estavam tranquilos, julgando que Jesus seguia adiante com a rapaziada.

Lá pelas tantas do dia, ao acamparem para merendar, procuraram Jesus por entre todos, e só então perceberam que ele tinha ficado em Jerusalém. Aflitos, os pobres pais voltaram imediatamente, e durante três dias percorreram a cidade, sem que o achassem. Foi quando se dirigiram ao templo, e nele encontraram Jesus no meio dos doutores, conversando com eles e fazendo-lhes perguntas, e respondendo ao que lhe perguntavam.

— Quem eram os doutores, dona Lina? perguntou Roberto.

— Os doutores da lei, isto é, homens que conheciam de cor e salteado tudo o que estava escrito nos livros dos profetas. E Jesus deu mostras de conhecer tais livros a fundo, porquanto os doutores pasmavam-se de suas perguntas e de suas respostas. E seus pais admiraram-se de vê-lo ali, e sua mãe o repreendeu dizendo:

— "Filho, por que você fez isso conosco? Seu pai e eu passamos por um grande susto, e o procurávamos cheios de aflição".

Ao que docemente Jesus respondeu:

— "Para que me procuravam, mamãe? Pois não sabem que devo interessar-me pelas coisas que são do serviço de meu Pai?"

Todavia seus pais não compreenderam o que ele queria dizer.

— Eu também não estou compreendendo, dona Lina, falou Cecília.

— É fácil. Jesus quis dizer-lhes que viera ao mundo para ensinar aos homens a seguirem as leis de Deus, que era Pai dele, como é Pai de todos nós. E assim desde cedo precisava perparar-se para cumprir o seu dever.

— Jesus despediu-se dos doutores, e de braços dados com seus pais desceu a majestosa escadaria do templo, e foi com eles para Nazaré, onde cresceu e se tornou um homem cheio de bondade e de sabedoria. É como vocês devem fazer: crescerem bons, inteligentes, trabalhadores, e estudiosos, concluiu dona Lina, mandando-nos para casa.

## A PREGAÇÃO DE JOÃO BATISTA

Na noite seguinte, dona Lina continuou a história do seguinte modo:

— Enquanto Jesus crescia, houve vários acontecimentos que mudaram os governos do mundo daquele tempo. Augusto, o imperador Romano, sob o qual Jesus nascera, tinha morrido; em seu lugar estava Tibério César. A Judéia era governada por um procurador Romano chamado Pôncio Pilatos; a Galiléia, por Herodes...

— O quê! exclamou Joaninha.

— Tranqüilize-se, disse dona Lina. Este Herodes era filho daquele que vocês já conhecem; por morte de seu pai, o reino foi dividido e tocou-lhe a parte da Galiléia e da Pérsia; seu irmão Filipe ficou com as províncias da Ituréia e de Traconites; e Lisânias, com a de Abilina. Em Jerusalém governavam o templo os grandes sacerdotes, Anás e Caifás.

Foi quando apareceu no deserto João, filho de Zacarias, um dos maiores profetas que o mundo teve; sua missão era de preparar o povo para receber Jesus. A vida de João era muito simples; inteiramente entregue ao trabalho de anunciar a vinda de Jesus, não se importou com as coisas da Terra, e assim não possuía nada, a não ser uma pele de camelo com a qual se vestia, e uma cinta de couro para prendê-la ao corpo; alimentava-se de gafanhotos e de mel silvestre.

— De gafanhotos, dona Lina! exclamou o Roberto.

— Sim; eram insetos abundantes naquelas paragens e muita gente os comia. E o mel silvestre, João o achava nas fendas dos rochedos, ou nos arbustos que havia por ali, fabricado pelas abelhas do mato.

— Eu conheço gente que come tanajuras, falou Joaninha. Nossa lavadeira disse que torradas com sal são gostosas.

— A humanidade sempre comeu de tudo, querida. João percorria as margens do rio Jordão, transmitindo as mensagens que recebia do mundo espiritual, porque ele era um profeta muito bem inspirado. E dizia:

— "Eu sou a voz do que clama no deserto. Aparelhem o caminho do Senhor, façam direitas as suas veredas. Arrependam-se do mal que vocês fizeram, e assim poderão ver o Salvador enviado por Deus".

E muitas outras coisas falava ele ao povo que acorria para vê-lo. Aos que lhe perguntavam o que deviam fazer, respondia:

— "Quem tiver duas roupas dê uma ao que não tem nenhuma; e quem tiver o que comer, reparta com quem não tem".

— Esse de quem você está falando é João Batista, não é, Lina? perguntou dona Leonor.

— Sim, titia. Chamavam-no de João Batista porque ele batizava quem se arrependia de seus pecados nas águas do rio Jordão. Logo o povo pensou que ele fosse o Cristo mas ele declarou que não; depois dele é que viria o Cristo, do qual ele não era digno nem mesmo de desatar a correia das sandálias. Vieram também a ele os publicanos, que eram os cobradores dos impostos, e lhe perguntaram o que deviam fazer.

— Os publicanos eram os fiscais daquele tempo, explicou o sr. Antônio.

— Mais ou menos, titio. E João lhes respondeu que não deviam cobrar mais do que fosse realmente justo. Um grupo de soldados também foi ter com ele, fizeram-lhe a mesma pergunta e a resposta foi que não maltratassem ninguém, não oprimissem pessoa alguma e que se dessem por contentes com seu soldo.

Como vocês estão vendo, para todos João tinha uma palavra boa e um conselho amigo. Por algum tempo João continuou com suas pregações anunciando a vinda de Jesus e exortando o povo a fazer o bem. Até que um dia ele soube que Herodes se tinha comportado muito mal e chamou-lhe a atenção. Herodes em vez de se corrigir, ficou furioso e mandou prender João e trancá-lo num cárcere.

— Coitado! exclamou Joaninha. E não saiu mais de lá?
— Não; contudo o encontraremos mais tarde. Porém antes de João ser preso, Jesus também esteve com ele nas margens do rio. João o reconheceu e ouviu uma voz que vinha do alto dos céus, que dizia:
— "Este é o meu filho especialmente amado; nele tenho posto toda minha complacência".
— Quem falou isso, dona Lina? perguntou o João André.
— Eram palavras de um hino de glória que os anjos celestes entoavam em louvor de Jesus.
Nisto o relógio da sala bateu oito horas. Levantamo-nos, desejamos boa noite a todos e fomos para casa.

## A TENTAÇÃO DE JESUS

Eis o que ouvimos de dona Lina na noite seguinte:
— Depois que Jesus se retirou das margens do rio Jordão, dirigiu-se ao deserto para meditar.
— Meditar no quê? perguntou Cecília.
— Na elevada missão que o tinha trazido à Terra e nos meios de cumpri-la, explicou dona Lina.
— Dona Lina, o que é meditar? perguntei.
— Meditar é pensar com sinceridade no que se fez e no que se pretende fazer. É um hábito salutar que devemos adquirir; se todos o tivessem, muitos males seriam evitados.
— Ensina-nos a meditar, Lina, pediu o sr. Antônio.
— Com prazer, titio. Como lhes disse, meditar é pensar em nossas ações, tanto nas já praticadas como nas que vamos praticar. Nas ações praticadas para verificar se não cometemos algum mal; e nas que vamos praticar, para que sejam corretas e dignas. Se durante nossa meditação, descobrirmos que cometemos uma ação má, devemos tratar de corrigi-la imediatamente.
A meditação se divide em duas partes: a parte moral e a parte material. Pela parte moral, procuraremos os vícios e os defeitos que porventura possuímos; assim evitaremos os vícios e corrigiremos os defeitos. Pela parte material, medi-

taremos em nossas obrigações diárias, que sejam baseadas em absoluta honestidade e rigorosamente cumpridas.

Consagrem alguns minutos à meditação antes de dormirem. A sós em seu quarto, pensem no que fizeram durante o dia; se não fizeram nada de mau e se cumpriram bem seus deveres, agradeçam a Deus; se perceberem que cometeram alguma coisa má ou errada, peçam ao Pai celeste que lhes dê forças para corrigi-la logo no dia seguinte. Compreenderam?

— Sim, senhora, respondemos.

— E no deserto, prosseguiu dona Lina, muitas tentações se apresentaram a Jesus.

— Não foi o demônio que o tentou? perguntou dona Aninhas.

— Não senhora; o demônio ou diabo não existe. O que existe são irmãos nossos inferiores que ainda não sabem fazer o bem e que dão aos homens pensamentos maus. Nós também sempre que aconselhamos ou fazemos o mal, somos diabos, demônios, ou irmãos inferiores.

— Então, dona Lina, o Juquinha hoje foi um irmão inferior ou um demônio, porque ele matou um passarinho perto da porteira da chácara do sr. Gabriel, disse Antôninho.

— Que horror, Juquinha, e que demônio você foi! exclamou dona Lina. Pois você não sabe que é proibido pelas leis de Deus matar passarinhos?

— Vendo o tico pousado tão a jeito, não resisti à tentação, dona Lina. Mas ele não morreu, respondeu Juquinha. Levei-o para casa atordoado e dei-lhe um banho de água e sal; reanimou-se e pouco depois voou para o alto da laranjeira no quintal; logo mais tomou o rumo da chácara.

— Ainda bem, disse dona Lina. É preciso resistir às tentações do mal. E no deserto, como Jesus tivesse fome, foi-lhe sugerido que transformasse as pedras em pão. Porém, Jesus afastou a tentação dizendo que não somente de pão vive o homem mas de toda palavra de Deus.

E depois afigurou-se a Jesus que ele estava no alto de um monte e que, se obedecesse aos irmãos inferiores, ganharia todos os reinos da Terra. Jesus repeliu a tentação dizendo que só a Deus devemos obedecer, servir e adorar.

Outra ocasião pareceu a Jesus estar no cimo da torre do templo de Jerusalém e um irmão inferior lhe sugeria que se atirasse da torre abaixo, que nenhum mal lhe sucederia, uma vez que ele era o filho de Deus. Jesus sorriu e respondeu que não devemos tentar a Deus, nosso Pai e Senhor.

E daquele dia em diante os irmãos inferiores se afastaram dele e passaram a respeitá-lo.

— Por que os irmãos inferiores se afastaram de Jesus, dona Lina? perguntou o João André.

— Porque viram que Jesus não dava ouvidos às sugestões do mal. Vocês também poderão ficar livres dos irmãozinhos inferiores, comportando-se direitinho e nunca pensando em prejudicar ninguém.

E agora todos para casa. Amanhã lhes contarei mais um bonito episódio da vida de Jesus, nosso Mestre muito amado.

### AS BODAS DE CANÁ — A ÁGUA FEITA VINHO

— Há na Galiléia uma cidadezinha chamada Caná e nela um dia realizou-se um casamento. Por esse tempo Jesus já era homem feito. A família de Jesus recebeu um convite para assistir ao casamento e Jesus compareceu com sua mãe e seus irmãos.

— Jesus tinha irmãos, Lina? perguntou dona Leonor.

— Os historiadores ainda não chegaram a uma conclusão positiva a esse respeito. Mas o Evangelho, em várias passagens, diz claramente que sim.

A festa decorria bem animada, quando acabou o vinho; Maria percebeu e disse a Jesus:

— "Eles não têm vinho".

— "Não se inquiete por isso, mamãe, respondeu-lhe Jesus. Daqui a pouco eles o terão".

Maria então se dirigiu aos que serviam os convidados e disse-lhes que fizessem como Jesus lhes ordenasse.

Ora, ali na sala, num canto, havia seis potes; Jesus mandou que os enchessem de água até a tampa. Feito isso mandou que levassem um pouco daquela água para o mordomo experimentar. E quando ele começou a beber a água, ela se transformou em vinho. O vinho era tão bom que o mordomo arregalou os olhos e disse ao noivo:

— "Esse era o vinho que devia ser servido em primeiro lugar e deixar o outro que é inferior para o fim; porque sempre se costuma dar aos convidados o melhor no começo".

Aqueles que sabiam a origem do vinho, admiraram-se muito do poder de Jesus. E foi assim que Jesus iniciou os seus trabalhos, concorrendo para a alegria de uma festa, que é uma das mais bonitas que os homens fazem: a festa do noivado.

— No casamento da filha de nossa vizinha não tinha vinho; mas havia doces, guaraná e refrescos que só a senhora vendo, dona Lina! disse Joaninha.

— Então é muito antigo o uso do vinho, Lina? perguntou o sr. Antônio.

— Sim, titio, perde-se na noite dos tempos e o homem o tem associado a quase todas as suas atividades festivas, religiosas, solenes e familiares. Tido pelos antigos como remédio e alimento, o vinho era usado com muita moderação, sendo execrado quem dele abusasse. E agora vão dormir, que está na hora, concluiu dona Lina mandando-nos para casa.

## JESUS É EXPULSO DE NAZARÉ

E na noite seguinte, dona Lina nos contou que:

— Tendo começado a trabalhar, Jesus percorria o país ensinando aos homens a fazerem o bem, a compreenderem e a respeitarem as leis de Deus. Para isso ele entrava nas sinagogas aos sábados, tomava um dos livros, desenrolava-o, lia um trecho e explicava-o aos ouvintes.

— O que é sinagoga, dona Lina, perguntou a Cecilia.

— Sinagoga era a casa onde o povo se reunia para estudar as leis de Moisés e dos profetas, isto é, as Escrituras Sagradas.

— Por que é que Jesus desenrolava o livro, dona Lina? perguntou o Juquinha.

— Porque os livros daquele tempo não eram como os de hoje encadernados em folhas. Eram feitos em rolos, como um rolo de papel que o leitor desenrolava à medida que lia.

Depois de Jesus ter visitado muitas cidades e aldeias, sentiu saudades de sua pequenina Nazaré, o povoado tranqüilo onde se criara. E para lá se dirigiu e descansou em sua antiga casa. Jesus tinha então mais ou menos trinta anos de idade.

Aconteceu que num sábado, segundo o costume, Jesus entrou na sinagoga e levantou-se para ler. Deram-lhe o livro do profeta Isaías. E desenrolando o livro, achou o lugar onde estava escrito:

— "O Espírito do Senhor repousou sobre mim, pelo que ele me consagrou com a sua unção e enviou-me a pregar o Evangelho aos pobres, a curar os quebrantados de coração, a anunciar aos cativos redenção e aos cegos vista, a pôr em liberdade os quebrantados para seu resgate, a publicar o ano favorável do Senhor e o dia da retribuição".

— Não entendi nada, Lina, falou dona Aninhas.

— É fácil. Este trecho de Isaías significa que Jesus foi escolhido por Deus para vir à Terra ensinar-nos as leis divinas, reanimar os desanimados, abrir-nos os olhos para o mundo espiritual, livrar-nos da maldade e das imperfeições, anunciar que já era tempo de os homens pensarem em Deus e mostrar-nos a retribuição que teremos pelas nossas ações. Compreenderam todos?

— Sim, senhora, respondemos. Queríamos agora que a senhora nos dissesse quem foi Isaías.

— Isaías foi um dos grandes profetas de Israel e viveu há 740 anos antes de Jesus; exerceu grande influência política e religiosa; seu livro dividido em 66 capítulos é uma das jóias da literatura antiga; nele se intercalam predições sobre Jesus de uma realidade impressionante.

Jesus enrolou o livro, deu-o ao ministro e sentou-se. Todos os que estavam na sinagoga tinham os olhos fixos nele. E ele começou a ensiná-los e disse-lhes:

— "Hoje se cumpriu esta escritura aos seus ouvidos".

O povo se admirava das palavras que saíam da boca de Jesus e dizia:

— "Mas não é este o oficial, filho de José e de Maria? E não vivem entre nós seus irmãos e suas irmãs?"

E ficaram indignados por Jesus dizer que era a ele que Isaías se referia. Porém Jesus não perdeu a calma e disse:

— "Sem dúvida, vocês me aplicarão este provérbio: "Médico, cura-te a ti mesmo e faze aqui na tua terra tudo quanto ouvimos dizer que fizeste em Cafarnaum". Mas na verdade eu lhes digo que nenhum profeta é bem aceito em sua pátria".

— Ninguém é santo em sua casa! exclamou o sr. Antônio.

— Isso mesmo, continuou dona Lina. Como todos o conheciam ali em Nazaré onde era oficial de carpinteiro, ninguém queria acreditar nele. E o pior é que o agarraram e o levaram para fora da vila e o quiseram atirar por um morro abaixo. Mas Jesus calmamente passou pelo meio deles e retirou-se.

— E fez muito bem, disse dona Leonor.

— Dali Jesus foi para Cafarnaum, agradável vilarejo situado às margens do lago Tiberíades, onde ficou morando na casa de Simão Pedro, a quem vocês conhecerão mais adiante. E todas as tardes depois do trabalho diário, Jesus ensinava ao povo que se espantava e admirava de sua doutrina e de suas palavras cheias de doçura e de autoridade.

— E agora vão para casa que já é hora, ordenou dona Lina pondo ponto final na narração da noite.

Fui para casa com o pensamento cheio daquelas recordações da vida de Jesus. A noite era morna e um luar esplendoroso banhava as coisas e os campos até ao longe. Em casa mamãe cerzia meias ao pé do lampião e papai lia ao seu lado. Um grande silêncio reinava na sala. Mamãe quebrou-o dizendo-me:

— Lave os pés, meu filho, e vá dormir.

Obedeci.

## CURA DE UM ENDEMONINHADO

— Hoje tenho dois bonitos fatos para lhes contar acerca de Jesus, começou dona Lina quando nos viu reunidos. Ouçam bem:

Certa vez estava Jesus na sinagoga e apareceu por lá um homem obsidiado por um espírito imundo.

— O que é um espírito imundo, dona Lina? perguntou o Roberto.

— Um espírito imundo é um irmão inferior que em lugar de se elevar para as regiões espirituais de paz e de luz tornando-se assim um espírito luminoso, fica aqui junto dos homens, atormentando alguns deles, como a esse pobre obsidiado.

Quando o homem viu Jesus, o espírito começou a gritar pela boca dele:

— "Deixa-nos, que tens conosco, Jesus Nazareno? Vieste perder-nos? Bem sei quem és; és o santo de Deus".

Mas Jesus o repreendeu, dizendo:

— "Cala-te e sai desse homem!"

E depois de ter lançado o homem por terra, ele se retirou sem lhe fazer nenhum mal.

— Dona Lina, esses irmãos inferiores de onde é que vêm? perguntou o Roberto.

— Eles vêm daqui mesmo; são as almas dos homens que morreram. Para vocês entenderem isso, devo explicar-lhes que somos compostos de duas partes: o nosso corpo de carne e o nosso espírito, ou nossa alma. Pela morte, rompe-se o laço que liga nossa alma ao corpo. O corpo então morre e vai para a sepultura; e nossa alma, que compreende nós mesmos, vai para o mundo espiritual. As almas ou espíritos dos homens bons nos ajudam para o bem; e a dos maus se tornam irmãos inferiores enquanto não resolverem praticar o bem.

— Então ninguém morre, dona Lina! exclamou o Antoninho.

— Ninguém morre e nós nunca morreremos. Somos espíritos imortais. Por isso aprendam desde já a não terem medo da morte.

E todos aqueles que estavam na sinagoga falavam uns com os outros, dizendo:

— "Que coisa é esta, por que ele manda com poder e com virtude aos espíritos imundos e estes lhe obedecem?"

E a fama de Jesus corria por toda a parte.

## A CURA DA SOGRA DE PEDRO

Uma outra ocasião, Jesus saiu da sinagoga e foi até a casa de Pedro, onde encontrou a sogra dele de cama, com muita febre. Jesus teve dó dela e inclinando-se sobre ela, pôs-lhe as mãos e a febre passou, e a sogra de Pedro ficou boa; e imediatamente foi providenciar um lanche para eles.

Sabendo o povo que Jesus estava na casa de Pedro, para lá foram levados muitos doentes de todas as moléstias e muitos obsidiados também. E Jesus punha as mãos sobre cada um deles e os sarava. E logo que raiou o dia, Jesus se levantou da cama e foi a um lugar deserto para orar, mas todos o procuravam e foram até onde ele estava, não querendo que ele fosse embora. Mas Jesus lhes dizia:

— "Às outras cidades também é necessário que eu anuncie o reino de Deus; que para isso é que fui enviado".

E Jesus percorria toda a Galiléia, curando os enfermos e ensinando nas sinagogas deles.

Agora chega. Amanhã lhes contarei mais alguma coisa, concluiu dona Lina.

## A PESCA MARAVILHOSA — OS PRIMEIROS DISCÍPULOS

— Começaremos nossa história de hoje por uma aula de geografia, disse dona Lina sorrindo.

No centro da Galiléia existe um grande lago de água doce, chamado Mar da Galiléia; tem vinte quilômetros de comprimento e mede treze de largura em sua parte mais larga. As ondas que nele se formam cintilam à luz do sol e no fundo de suas águas há grande fartura de peixes. Suas margens são agradáveis e nelas se edificaram várias cidadezinhas e aldeias, das quais, por vezes, o mesmo Mar da Galiléia toma o nome, tais como: Cafarnaum, Genezaré, Tiberíades, Juiverete e outras. O Mar da Galiléia foi o cenário da maior parte da vida de Jesus. Havia por ali muitas colônias de pescadores e foi entre eles que Jesus foi buscar quase todos seus discípulos, como vocês verão. Jesus gostava muito desse lago e percorria constantemente suas margens ensinando ao povo o seu Evangelho e sempre que lhe deparava uma oportunidade curava os enfermos. Outras vezes, quando o povo era muito, ele subia numa barca, afastava-se um pouco da praia onde o povo se acomodava e sentado na barca, ele pronunciava palavras de fé e de esperança, de conforto e de alívio, de paz e de resignação. E a tarde suave descia lenta e luminosa, espalhando serenidade sobre a Terra.

— Que beleza! exclamou dona Aninhas.

— Sim, era um quadro magnífico, cuja beleza ultrapassa tudo quanto os grandes pintores já criaram.

Uma vez Jesus viu duas barcas que estavam à beira do lago de Genezaré; e os pescadores haviam saltado em terra e levavam as redes. Enorme era a multidão que tinha vindo ouvir a palavra de Jesus e quase que o empurrava para a água. Jesus entrou numa das barcas que era de Simão e pediu-lhe que o afastasse um pouco da terra. E estando sentado na barca, dali ensinava o povo:

— Quem era Simão? perguntou João André.

— Simão era o mesmo Pedro; o nome dele era Simão Pedro.

— E o que é que Jesus ensinava perguntou ainda João André.

— Jesus ensinava o povo a fazer o bem, respondeu prontamente a Joaninha.

E dona Lina continuou:

— Jesus notou que Pedro estava um tanto triste; e logo que acabou de falar, disse-lhe:

— "Vamos mais para o meio do lago e soltem as redes para pescar".

Ao que Simão respondeu:

— "Mestre, depois de trabalharmos a noite inteira não apanhamos peixe algum. Mas para obedecer-te, soltarei a rede".

Qual não foi o espanto deles quando viram a rede cheia de peixes a ponto de arrebentar, vocês não podem imaginar! Os peixes eram tantos e a rede estava tão pesada que tiveram de chamar os companheiros da outra barca para ajudá-los. E sabem vocês que as duas barcas ficaram tão cheias que pouco faltou para afundarem?

— E Pedro ficou contente, dona Lina? perguntou Roberto.

— Certamente; mas olhava desconfiado para Jesus e quando as barcas abicaram à praia, Pedro lançou-se-lhe aos pés e disse-lhe:

— "Retira-te de mim, Senhor, que sou um homem pecador".

— Por que Pedro fez isso, dona Lina? Eu pensava que Pedro ia agradecer a Jesus com grandes palavras, falou o Juquinha.

— Pedro era um homem humilde, Juquinha. E dentro de sua humildade compreendeu que havia recebido uma graça de Deus por meio de Jesus e não se julgou merecedor de tamanho favor...

— Ato contrário de muitos que quanto mais recebem mais querem e sempre acham pouco! atalhou dona Aninhas.

— Ele e todos se admiraram muito de ver a pesca que tinham feito. E junto com Pedro estavam os filhos de Zebedeu que eram Tiago e João, os quais também fitavam Jesus, maravilhados.

Mas Jesus disse a Pedro:

— "Não tenhas medo; de agora em diante serás pescador de homens".

Com isto Jesus quis dizer-lhe que ele o ajudaria a ensinar os homens como chegarem a Deus.

E depois de terem tratado do pescado, os três pescadores, Simão Pedro, Tiago e João seguiram Jesus. Estes foram seus primeiros discípulos.

Agora vão para casa depressa que parece que vai chover, disse dona Lina encerrando a história daquela noite.

De fato, nem bem cheguei em casa caiu o temporal.

### CURA DE UM LEPROSO

— Vocês tomaram chuva ontem? perguntou-nos dona Lina logo que chegamos.

— Não, senhora; deu tempo de chegarmos em casa, respondemos.

E afagando os cabelos de Joaninha, dona Lina narrou:

— Sucedeu que se achava Jesus numa daquelas aldeias das margens do Mar da Galiléia e lhe apareceu um homem doente de lepra. Assim que o homem o viu, cobriu o rosto, lançou-se por terra e lhe rogou:

— "Senhor, se tu queres, bem me podes curar".

Jesus estendeu a mão sobre ele e disse:

— "Quero, fica curado".

O homem se retirou contente e com isso a fama de Jesus crescia; a ele concorria muita gente não só para ouvi-lo como também para ser curada de suas enfermidades. Mas Jesus ia para o deserto, onde se punha em oração.

— Por que é que Jesus fazia assim, dona Lina? perguntou Cecília.

— Porque Jesus gostava de orar a Deus nos lugares sossegados, onde ninguém o perturbasse; e com suas orações, ele pedia forças a Deus para bem cumprir os seus deveres. É o que vocês precisam fazer também: orar a Deus a fim de se fortificarem para as lutas da vida.

## CURA DUM PARALÍTICO

— Ouçam agora como Jesus curou um paralítico.

Um dia Jesus estava numa casa ensinando. A casa estava cheia de gente, de modo tal que era difícil a alguém entrar. Junto com ele havia muitos fariseus, doutores da lei e escribas que tinham vindo das aldeias da Galiléia e até mesmo de Jerusalém.

Já sei que vocês vão perguntar quem eram os escribas, os doutores da lei e os fariseus, não é verdade? Prestem atenção:

Doutor da lei e escriba são a mesma coisa; eram os que conheciam a fundo as Escrituras Sagradas e por isso as explicavam ao povo nas sinagogas. Fariseus eram os membros de uma seita religiosa que tinha a pretensão de ser a única que bem observava a lei de Moisés. Os fariseus não se misturavam com ninguém e julgavam-se quase que santos. Mais tarde eu lhes contarei o que Jesus pensava deles. Entenderam?

— Sim, senhora, respondemos.

— É quando chegam uns homens trazendo deitado numa cama um paralítico. E queriam levá-lo para dentro da casa para pô-lo diante de Jesus. Mas não conseguiam porque o povo atravancava as portas e as janelas.

O que fizeram então? Subiram ao telhado da casa, içaram o paralítico lá para cima, descobriram um pedaço do telhado e pelo buraco, com umas cordas, desceram o paralítico em frente de Jesus.

— Que corajosos! exclamou a Joaninha.

— Sim, não só foram corajosos como demonstraram muita fé em Jesus. Quando ele viu diante de si aqueles homens com o paralítico, cheios de fé, disse:

— "Homem, os teus pecados te são perdoados".

Porém os escribas e os fariseus não gostaram daquilo e se puseram a murmurar, dizendo que só Deus é que tem o poder de perdoar pecados, e outras coisas mais contra Jesus.

— Que gente! Em vez de ficarem contentes! exclamou a Cecília.

— Pois é. Jesus reprovou-os dizendo:

— "O que vocês estão aí falando? Para mim tanto faz dizer que os pecados lhe são perdoados, como que se levante e ande. Querem ver?

E voltando-se para o paralítico, ordenou-lhe:

— "A ti te digo, levante-te, toma o teu leito e vai para tua casa".

O paralítico pulou da cama, pegou-a de um lado e os homens que o tinham trazido do outro e foram para casa agradecendo a Deus.

— E os escribas e os fariseus, dona Lina? perguntou o Roberto.

— Ficaram boquiabertos, mas não tiveram outro remédio senão agradecer a Deus e exclamar:

— "Hoje vimos prodígios!"

Bateram oito horas. Dona Lina mandou-nos para casa.

## A VOCAÇÃO DE LEVI

Quase que cheguei tarde à casa de dona Lina. Aconteceu que tive de fazer um serviço para mamãe, o que me atrasou. Dona Lina me disse:

— Íamos começar justo agora. Julguei que você não viria hoje.

Desculpei-me e ela continuou:

— Um dia Jesus saiu e passou em frente da casa onde se pagavam os impostos. Lá viu um publicano chamado Levi, em sua escrivaninha. Quem sabe o que é um publicano? Já lhes expliquei.

— Eram os cobradores de impostos daquele tempo, respondeu prontamente a Joaninha.

— Isso mesmo, Jesus olhou bem para ele e ele para Jesus, como que encantado, e sorriu. E quando ele sorriu, Jesus lhe disse bondosamente:

— "Segue-me".

Levi fechou a escrivaninha e tomado de alegria seguiu Jesus, tornando-se assim seu discípulo. Tempos depois, Levi adotou o nome de Mateus e escreveu o Evangelho que traz o seu nome.

— O que é o Evangelho, dona Lina? perguntou o Pedro Luís, um menino novo que a Joaninha tinha trazido para ouvir a história.

— Chama-se Evangelho o livro que conta a história da vida de Jesus e contém os seus ensinamentos. Há quatro evangelhos, escritos por quatro dos discípulos de Jesus, que são: o de Mateus, que é esse Levi do qual estamos falando; o de Marcos, o de Lucas e o de João.

— Por que Levi trocou o nome, Lina? perguntou dona Leonor.

— Esse é um caso que ainda não está esclarecido pelos historiadores. Parece que foi o próprio Jesus quem lhe mudou o nome.

Levi muito contente convidou Jesus e seus discípulos para irem à sua casa, onde lhes ofereceu um grande banquete. Levi convidou também seus colegas publicanos e outras pessoas, entre as quais alguns escribas e fariseus.

Como vocês sabem, os escribas e os fariseus não gostavam de se misturar com os outros.

— Já sei que vão falar contra Jesus! exclamou Joaninha. Desse jeito vou acabar não gostando deles.

— De fato, continuou dona Lina, começaram a murmurar de modo que Jesus os ouvisse, dizendo a seus discípulos:

— "Por que é que vocês comem e bebem com os publicanos e pecadores?"

Porém Jesus que de tudo sabia tirar valiosos ensinamentos, respondeu-lhes:

— "Os que se acham sãos não necessitam de médico, mas os que estão enfermos. Eu não vim chamar os justos mas os pecadores, para que também eles alcancem a misericórdia de Deus".

— Foi muito bem respondido, falou dona Aninhas. Se Jesus só procurasse a companhia dos santos, ele não pode-

41

ria vir ao nosso mundo onde quase há tão-somente pecadores. E como é que nós, pobrezinhos, nos arranjaríamos sem ele?

— É verdade dona Aninhas, confirmou dona Leonor. Depois que Jesus veio aqui, até parece que ninguém mais ficou abandonado!

— E não ficou mesmo, concluiu dona Lina despedindo-nos.

## ACERCA DO JEJUM

— Hoje lhes vou falar de um assunto que não sei se vocês compreenderão, disse dona Lina reencetando a história.

— Do que é, dona Lina, perguntamos em coro.

— É de uma pergunta que fizeram a Jesus a respeito do jejum.

— Eu sei o que é jejum, disse a Joaninha.

— O que é, perguntou o João André.

— É não comer nada, respondeu a Joaninha.

— Isso mesmo, prosseguiu dona Lina. Mas não comer nada por motivo religioso e de tristeza. Acreditavam que não comendo e entristecendo-se pagariam os pecados.

— De verdade, dona Lina? perguntou o Juquinha.

— Assim pensavam. Entretanto vocês bem sabem que os pecados, isto é, os erros que cometemos, só os pagaremos fazendo o bem.

Alguns discípulos de João foram ter com Jesus e lhe fizeram esta pergunta:

— "Qual é a razão por que nós e os fariseus jejuamos com freqüência e os teus discípulos não jejuam?"...

E Jesus lhes respondeu:

— "Porventura devem estar tristes enquanto eu estou com eles? Quando eu lhes faltar, então ficarão tristes".

— A senhora jejua, dona Lina? perguntou Cecília.

— Eu não, menina! exclamou dona Lina. Por que hei de jejuar se sei que Jesus está sempre conosco, procurando por todos os meios que sejamos felizes?

E Jesus continuou:

— "Ninguém remenda um vestido velho com um pedaço de pano novo. Porque o pano novo, sendo mais forte, acaba rasgando mais o vestido. Nem se põe vinho em odres velhos; porque os odres rebentam e o vinho se perde. Mas vinho novo se põe em odres novos e assim ambas as coisas se conservam".

— Não compreendemos, dona Lina; dissemos.

— Dona Lina, o que é odre? perguntou o João André.

— Vou explicar-lhes tudo. Odres eram vazilhas feitas de peles de animais, principalmente de ovelhas. Tiravam a pele da ovelha, curtiam-na e costuravam-na de maneira que o odre tinha quase o formato do animal. E pela abertura no lugar da boca, enchiam-na de vinho ou de água. Acontece que quando o odre envelhecia, já por demais curtido, não agüentava a fermentação do vinho novo e arrebentava.

Com estas comparações Jesus nos ensina que as pessoas velhas, que foram criadas nas idéias antigas, dificilmente acatam as idéias novas, e como o que ele estava ensinando eram idéias novas, os antigos, isto é, os fariseus e seus seguidores não as suportavam.

— Então, nós aqui todos somos odres novos! exclamou rindo dona Leonor.

— Sim, sim, são todos odres novos e assim espero que guardem bem o vinho novo que Jesus nos trouxe, concluiu dona Lina.

E como estava na hora, fomos para casa.

### JESUS É SENHOR DO SÁBADO

— Vocês sabem, perguntou-nos dona Lina quando nos viu reunidos ao seu redor, ávidos por suas palavras, vocês sabem quem instituiu o descanso semanal?

Nenhum de nós sabia; nem mesmo o sr. Antônio que estava ali no seu cantinho e já tinha lido muitos livros.

— O descanso semanal foi instituído por Moisés, um grande chefe do povo hebreu.

— Quem era o povo hebreu, dona Lina? perguntou o Antoninho.

— Era o mesmo povo judeu, em cujo meio Jesus nasceu. Judeu, hebreu e israelita são nomes aplicados ao mesmo povo. Podemos até dizer que são palavras sinônimas. Quando vocês forem maiores, não deixem de ler a história deste povo. Ele exerceu enorme influência nos destinos da humanidade. A Bíblia é o livro que conta a história do povo judeu.

— Lá em casa temos uma Bíblia, falou a Joaninha. Papai não me deixa lê-la porque ainda sou pequena. Mas de vez em quando, ele me mostra as figuras, tão bonitas!

— Pois bem. Moisés, que era inteligentíssimo, compreendeu que o homem necessita de um dia de descanso por semana, por dois motivos: primeiro, para recuperar as forças do corpo, gastas no trabalho da semana; segundo, para ter um dia livre em que se dedique à religião, ao culto a Deus. E deu esta lei a seu povo:

"Trabalharás seis dias da semana e no sétimo dia descansarás".

O sétimo dia da semana é o sábado; e por isso passaram a guardar o sábado. Nesse dia eles não faziam nada por acharem que era pecado fazer alguma coisa. Quem o fizesse no sábado, era desprezado e perseguido por ter desrespeitado a lei.

Aconteceu que, num dia de sábado, Jesus passeava com seus discípulos pelos trigais; eles apanhavam espigas de trigo e, esmagando-as com os dedos, comiam-nas.

Alguns fariseus viram aquilo e disseram:

— "Por que vocês fazem o que não é permitido fazer nos sábados?"

E Jesus lhes respondeu:

— "Porventura vocês não sabem que os sacerdotes no templo quebram o sábado? Vocês não sabem também que o rei Davi e os que o acompanhavam um dia entraram no templo e comeram os pães, o que era proibido pela lei? Ora, se os grandes o podem fazer, por que não o podem os pequenos? Fiquem sabendo que eu quero misericórdia e não sacrifícios".

— Muito bem respondido! bradou o sr. Antônio. Bonita lição Jesus lhes deu!

— Lina, por que hoje descansamos no domingo e não no sábado? perguntou dona Aninhas.

— A causa ainda não está bem averiguada, respondeu dona Lina. Parece que isso vem desde o princípio do Cristianismo, quando os primeiros cristãos começaram a se reunir aos domingos para estudarem o Evangelho e assim se diferenciarem dos judeus que se reuniam aos sábados para comentar a lei de Moisés. O descanso aos domingos, primeiro dia da semana, foi adotado por todos os povos que abraçaram ao Cristianismo.

— E agora até amanhã, terminou dona Lina, levantando-se da poltrona.

### CURA DE UM HOMEM QUE TINHA UMA DAS MÃOS RESSICADA

— Querem saber o que Jesus fez num outro sábado, deixando furiosos os escribas e os fariseus? perguntou-nos dona Lina na noite seguinte:

— Queremos, sim senhora, respondemos.

— Aconteceu que Jesus entrou na sinagoga deles e se pôs a ensiná-los. E viu que entre os ouvintes se achava um pobre homem que tinha a mão direita seca. Os escribas e os fariseus ficaram atentos, observando se Jesus curaria o homem no sábado e desse modo poderiam acusá-lo de desrespeitador da lei. Jesus percebeu o que eles pensavam, chamou o homem dizendo-lhe:

— "Levanta-te e põe-te em pé no meio".

E o homem levantando-se ficou de pé.

Jesus se dirigiu aos escribas e aos fariseus e lhes perguntou:

— "É lícito nos sábados fazer o bem ou mal? Salvar uma vida ou tirá-la?

Ninguém respondeu.

Então Jesus correndo os olhos sobre todos eles, disse para o homem:

— "Estende tua mão".

Quando o homem a estendeu, a mão ficou boa.

Mas os escribas e os fariseus não se conformaram, encheram-se de furor e falavam entre si para ver o que fariam de Jesus.

— Por que foi que eles não se conformaram, dona Lina? perguntou João André.

— Porque acharam que Jesus tinha feito alguma coisa no sábado, o que era proibido pela lei deles.

— Mas que gente de coração endurecido! exclamou o sr. Antônio. O bem se faz a qualquer hora, em qualquer dia e em qualquer lugar. Não há lei que proíba fazer o bem.

— Pois era isso mesmo, titio, o que Jesus queria ensinar-lhes ao fazer curas nos sábados. E agora vou contar-lhes como Jesus escolheu seus doze discípulos.

### ELEIÇÃO DOS DOZE

Certa vez Jesus foi a um monte solitário e ali passou toda a noite em oração a Deus. E quando foi dia, reuniu os seus discípulos e dentre eles escolheu doze, os quais chamou apóstolos.

— Por que foi que Jesus os chamou apóstolos, dona Lina? perguntou a Joaninha.

— A palavra apóstolo quer dizer mensageiro e é usada especialmente para designar os doze discípulos a quem Jesus encarregou de pregar o Evangelho. Portanto, eles eram os mensageiros de Jesus; chamavam-se: Simão, a quem deu o sobrenome de Pedro; André, irmão de Pedro; Tiago, João, Felipe, e Bartolomeu; Mateus e Tomé; Tiago, filho de Alfeu e Simão, apelidado o zelador; Judas, irmão de Tiago; e Judas Iscariotes que foi quem traiu Jesus, entregando-o aos escribas e aos fariseus.

— O quê? Como foi isso!? perguntou admirada a Joaninha.

— Vamos com calma que o saberão em seu devido tempo. Repitam comigo os nomes dos doze apóstolos.

Em voz alta repetimos com ela os nomes dos doze primeiros trabalhadores do Evangelho. Depois fomos para casa.

## O SERMÃO DA MONTANHA

Ao chegarmos à casa de dona Lina na noite seguinte ela não estava; fora visitar dona Rosina mas não devia demorar, explicou-nos o sr. Antônio que já ocupava o seu lugar. De fato, chegou dali a minutos e vendo-nos reunidos sentou-se também.

— Pensei que hoje não teríamos história, disse dona Lina. Precisei ir à casa de dona Rosina e ela quase que me segura por lá.

— Tive vontade de ir buscá-la. Fiquei com medo que a senhora não viesse, falou a Joaninha.

— Mas aqui estou; ouçam:

Um dia Jesus parou numa planície acompanhado da comitiva de seus discípulos e de grande multidão de povo que tinha vindo da Judéia, de Jerusalém, das aldeias da beira do lago e das cidades marítimas de Tiro e da Sidônia.

Essa multidão viera para ouvi-lo e para que lhe curasse as enfermidades. Jesus vendo que todos queriam tocá-lo, subiu num monte e com um gesto mandou que se acomodassem. Foi aí que ele pronunciou o Sermão da Montanha, repositório de maravilhosos ensinamentos. Prestem bem atenção que vou repeti-lo para vocês:

Jesus, correndo os olhos por aquele povo, ensinava dizendo:

— "Bem-aventurados os pobres de espírito; porque deles é o reino dos céus.

Bem-aventurados os mansos; porque eles possuirão a Terra.

Bem-aventurados os que choram; porque eles serão consolados.

Bem-aventurados os que têm fome e sede de justiça; porque eles serão fartos.

Bem-aventurados os misericordiosos; porque eles alcançarão misericórdia.

Bem-aventurados os limpos de coração; porque eles verão a Deus.

Bem-aventurados os que padecem perseguição por amor da justiça; porque deles é o reino dos céus.

Bem-aventurados vocês serão quando sofrerem injúrias e perseguição por amor de mim. Alegrem-se porque grande recompensa vocês terão nos céus".

Estas são as oito bem-aventuranças que Jesus pronunciou no monte. Querem perguntar alguma coisa?

— Eu quero, Lina. O que Jesus quis dizer por pobres de espírito? perguntou dona Aninhas.

— Pobres de espíritos são as pessoas que não são orgulhosas e que tratam bem de todos, respondeu dona Lina. Espero que vocês sejam sempre pobres de espírito, isto é, bondosos e delicados para com todos. Agora ouçam a continuação do que Jesus disse:

— "Mas digo a vocês que me ouvem: amem seus inimigos, façam o bem aos que lhes têm ódio e emprestem sem daí esperarem nada.

Falem bem das pessoas que dizem mal de vocês e orem por quem os caluniar.

Se alguém bater numa de suas faces, ofereça-lhe também a outra. E se lhes tirarem a capa, não se importem que lhes levem também a roupa.

Dêem a todos os que lhes pedirem e a quem tomar o que é de vocês, não lho tornem a pedir.

E tudo aquilo que vocês querem que os outros lhes façam, isso mesmo vocês devem fazer a eles. Porque aquilo que vocês fizerem aos outros, isso mesmo vocês receberão.

Se vocês amarem somente a quem os ama, que merecimento vocês terão com isso? Porque os maus também amam os que amam a eles.

E se vocês fizerem o bem só para quem lhes fizer o bem, do que lhes valerá isso? Porque os maus e pecadores também procedem assim.

Se vocês emprestarem só àqueles dos quais vocês esperam receber, que mérito vocês terão com isso? Também os pecadores emprestam uns dos outros, para que se lhes faça outro tanto".

— Pelo que vejo, Lina, Jesus não admite que não gostemos de alguém. Para ele não pode haver inimizades, disse dona Leonor.

— E não admite mesmo, confirmou dona Lina. Quem quiser seguir-lhe os ensinamentos deve desenvolver em seu coração o amor fraterno, a estima para com todos. Ouçam ainda o que ele ensinava:

— "Assim fazendo vocês terão uma grande recompensa nos céus e serão filhos do Altíssimo que faz o bem aos mesmos que são ingratos e maus.

Sejam pois misericordiosos, como também seu Pai que está nos céus é misericordioso.

Não julguem e não serão julgados; não condenem e não serão condenados; perdoem e serão perdoados.

Dêem e darão a vocês; vocês receberão uma boa medida, bem cheia e bem calcada. Porque qual for a medida de que vocês usarem para com os outros, essa mesma medida será usada para com vocês".

— Não compreendi bem isso, dona Lina, falou Roberto.

— É fácil. A medida são nossas ações. Se praticarmos somente boas ações, Deus nosso Pai que vê tudo nos dará em dobro a recompensa que merecermos pelas nossas boas ações.

— E se os outros nos fizerem o mal, dona Lina? perguntou a Cecília.

— Pior para eles! exclamou dona Lina.

Nosso dever é fazer o bem, até para os que nos fazem o mal. O resto é com nosso Pai celeste, que sabe como tratar cada um de seus filhos.

— E isso de não julgar e não condenar, o que é Lina? perguntou dona Aninhas.

49

— É não falar mal de ninguém, respondeu dona Lina e continuou:

— "Por que vês tu um cisco no olho de teu irmão e não percebes que também há ciscos nos teus olhos? Como podes dizer a teu irmão: deixa-me tirar o cisco de teus olhos, quando não vês que teus próprios olhos têm um cisco maior? Hipócrita, tira primeiro o cisco de teus olhos para depois tirares o cisco dos olhos de teus irmãos".

— Faça-nos o favor de nos explicar isso, dona Lina, pediu a Joaninha.

— Com prazer. Os ciscos que temos nos olhos são os nossos defeitos. Temos o péssimo costume de querer corrigir os defeitos dos outros, sem que antes de tudo corrijamos os nossos. Jesus nos ensina que devemos corrigir nossos defeitos primeiro; só depois de estarmos corrigidos é que poderemos corrigir os outros. Compreenderam?

— Sim, senhora, respondemos.

— E Jesus tinha muita razão! exclamou o sr. Antônio. Isso de viver falando mal dos outros precisa acabar.

— Realmente precisa. Ouçamos o que Jesus disse mais:

— "Porque quando a árvore dá maus frutos não é boa; e quando os frutos da árvore são bons, a árvore é boa; pois ninguém colhe figos em espinheiros.

O homem bom, do bom tesouro de seu coração tira o bem; e o homem mau, do mau tesouro tira o mal. Porque conforme o coração, assim fala a boca".

— Não estou entendendo nada, dona Lina, falou o João André.

— Explico: as árvores somos nós e os frutos nossos atos.

Se nossos atos forem bons, boas árvores seremos. Porém se nossos atos forem maus, seremos árvores sem valor algum.

— Então agora somos arvorezinhas, não é, dona Lina? ajuntou rindo a Joaninha.

— Sim, mas já estamos dando alguns frutos e que esses frutos sejam sempre bons, replicou dona Lina. E tenham também um coraçãozinho bom, para que a boca de vocês fale somente bem de tudo e de todos. E Jesus ensinava:

— "E por que é que vocês me chamam de Senhor e não fazem o que eu digo?"

— Ah! desses eu conheço muitos, exclamou dona Leonor. Vivem dizendo Jesus, Jesus, meu Deus, meu Deus, mas nada de viverem direito.

— Notem a comparação que Jesus faz entre as pessoas que ouvem e praticam seus ensinamentos e as que ouvem e não os praticam:

— "Todos os que vêm a mim e ouvem minhas palavras e as põe por obra, eu lhes mostrarei com quem se parece: é parecido com um homem que edificou uma casa, cavando profundamente para assentar os alicerces sobre rocha. E quando veio a tempestade e os ventos assopraram furiosos e a água inundou tudo, a casa se manteve firme, porque estava assentada sobre rocha.

Mas as pessoas que ouvem e não praticam os meus ensinamentos, são iguais a um homem que construiu sua casa sobre areia. E quando veio a tempestade e os ventos assopraram com força, a enxurrada levou a areia e a casa caiu e foi grande o prejuízo daquele homem".

E pondo um ponto final na história, dona Lina recomendou:

— Por isso vocês tratem de viver de acordo com os ensinamentos de Jesus, para que o sofrimento não os apanhe mais tarde.

### O CENTURIÃO DE CAFARNAUM

— Esperem um pouco que estou acabando de ajudar a titia a arrumar a cozinha, disse-nos dona Lina, quando lá chegamos. Logo depois apareceu enxugando as mãos no avental e começou:

— Depois que Jesus pronunciou o Sermão da Montanha, entrou na aldeia de Cafarnaum. E ali se achava gravemente enfermo, já quase às portas da morte, o criado de um centurião que o estimava muito.

— O que é centurião, dona Lina? perguntou o Juquinha.

— Centurião era o comandante dos soldados romanos da aldeia. E quando ouviu falar de Jesus, mandou pedir-lhe que viesse curar o seu servo. Os judeus reforçaram o pedido, dizendo a Jesus:

— "É pessoa que merece que lhe faças este favor; porque é amigo de nossa gente, e ele mesmo fundou uma sinagoga para nós".

Ia pois Jesus com eles.

E quando já estava perto, o centurião enviou-lhe este recado:

— "Senhor, não sou digno de que entreis em minha casa; mas dizei uma só palavra e o meu criado será salvo".

— Como esse homem tinha fé em Jesus! exclamou dona Aninhas.

— De fato, o próprio Jesus se admirou, porque se voltou para o povo que o seguia e disse:

— "Em verdade lhes afirmo que nem em Israel tenho achado tamanha fé".

E os que foram à casa do centurião viram que o criado estava curado.

## O FILHO DA VIÚVA DE NAIM

No dia seguinte caminhava Jesus para uma cidade chamada Naim e iam com ele seus discípulos e muito povo. Ao chegarem à cidade, encontraram o enterro do filho único de uma pobre viúva.

Jesus compadeceu-se daquela mãe que chorava o filho, chegou-se a ela e disse-lhe:

— "Não chores".

Ordenou que parassem e abeirando-se do esquife, tocou-o e disse:

— "Moço, eu te mando, levanta-te".

E o rapaz sentou-se e pôs-se a falar; e Jesus o entregou à mãe contentíssima.

O povo vendo aquilo dava graças a Deus, dizendo:

— "Um grande profeta se levantou entre nós e Deus visitou o seu povo".

E a fama de Jesus corria por toda a parte.

— Lina, tenho uma pergunta que me está roendo a língua, falou o sr. Antônio.

— Pois faça-a, titio. É melhor fazê-la do que deixar a coitadinha de sua língua sofrer, disse dona Lina rindo, no que a acompanhamos.

— Onde é que Jesus morava? Vemo-lo andar de cá para lá, de uma aldeia para outra, sempre ensinando e sempre espalhando o bem. Mas ele deve ter tido uma casa.

— É claro que a teve. Até os trinta anos morou com sua família na aldeia de Nazaré, para onde seu pai se retirou, como lhes contei no início de nossa história. Ali desempenhava seu ofício de carpinteiro, aprendido com o pai. A vida em Nazaré era tão sossegada e simples como a que levamos aqui no Itambé. Entre as madeiras da oficina, as plainas, as goivas, os serrotes, os martelos, os sarrafos, as maravalhas, os fregueses e as reclamações quando as encomendas estavam atrasadas, decorriam os seus dias. À tardinha, depois da oficina limpa e fechada, entregava-se à leitura dos profetas de Israel, ou conversava com seus amigos e conhecidos da vila, até à hora de recolher-se. Sua vida se transformou quando ele achou que já era tempo de ensinar aos homens a sua doutrina. Isso foi quando ele completou trinta anos. Escolheu então a vila de Cafarnaum como ponto central de seus trabalhos e onde se encontravam estabelecidos os seus discípulos, que eram quase todos pescadores.

Simão Pedro amou-o desde o instante que o viu e convidou-o a morar em sua casa, como um filho bem amado. Jesus aceitou e ficou morando com Pedro durante quase três anos.

Jesus não foi pesado a ninguém; como gostava de trabalhar, ajudava Simão Pedro na pesca. O peixe era o principal alimento dos habitantes das cidades e aldeias situadas nas cercanias do Mar da Galiléia e por isso não lhes faltava trabalho.

Quando o sol principiava a se pôr no horizonte, tingindo as nuvens do céu muito azul de uma cor rosada, e depois de executadas as tarefas diárias, reuniam-se os discípulos ao pé de Jesus e com eles vinha gente do povo e Jesus os ensinava. Deparando-se-lhe uma oportunidade e principalmente nos dias de descanso e quando não era tempo da pesca, Jesus aproveitava para ir com seus discípulos às aldeias e demais cidades da Galiléia pregar sua doutrina. Não havia dificuldades de locomoção, porque andavam a pé. As distâncias não eram grandes. Como vocês estão vendo, a vida deles era simples e por isso sem grandes problemas. Se vocês quiserem viver tranqüilos e felizes, procurem viver com simplicidade, compreenderam?

— Agora compreendi, Lina, disse o sr. Antônio. E como vejo que Jesus foi um homem como nós, mais eu o admiro e amo.

— Sim, titio, a superioridade de Jesus sobre nós provém de seu espírito muito adiantado e de seu coração capaz de amar a humanidade inteira.

E agora todos para casa que já são horas.

### JESUS INSTRUI NICODEMOS ACERCA DO NOVO NASCIMENTO

Chegados que fomos, dona Lina continuou a história do seguinte modo:

— Não somente os pequeninos procuravam Jesus; por vezes os grandes também o buscavam.

Entre os fariseus havia um homem chamado Nicodemos. Uma noite Nicodemos veio visitar Jesus e lhe disse:

— "Rabi, sabemos que és mestre, vindo da parte de Deus, porque ninguém pode fazer o que tu fazes, se Deus não estiver com ele.

Jesus lhe respondeu:

— "Na verdade, na verdade te digo que só verá o reino de Deus aquele que nascer de novo".

Nicodemos, que não esperava por esta resposta, espantou-se e disse:

— "Mas como pode um homem nascer de novo sendo velho? Como pode ser isso?"

Ao que Jesus replicou:

— "Tu és mestre em Israel e não sabes estas coisas? Não te maravilhes de eu te dizer: é preciso nascer de novo para se chegar ao reino de Deus".

— Olhe, Lina, se você não souber explicar-nos isso, vamos ficar como o mestre de Israel, sem entender nada, falou dona Leonor.

— Explico, sim, titia. É fácil. A senhora sabe que somos espíritos imortais. O que morre é nosso corpo apenas. E assim nascemos e renasceremos tantas vezes quantas forem necessárias para a educação de nossa alma. Quando essa educação se completar, veremos o reino de Deus.

— E como educaremos nossa alma, dona Lina? perguntei.

— Muito facilmente. Prestem atenção. Nunca façam o mal, gostem de todos, façam o bem, ajudem sempre, cumpram rigorosamente seus deveres, trabalhem com alegria, estudem bastante, e quando alguém lhes fizer algum mal, perdoem de todo coração. Entenderam? E como antes de me deitar tenho de costurar um pouco, paremos aqui.

**JOÃO ENVIA DOIS DISCÍPULOS SEUS A JESUS**

— A fama de Jesus chegou aos ouvidos de João Batista, o qual enviou dois discípulos seus para lhe perguntar:

— "És tu o que hás de vir, ou é outro o que esperamos?"

Os discípulos assim fizeram; e na mesma hora, na presença deles, curou muitos doentes.

— Lina, eu não compreendi a pergunta de João Batista, disse dona Aninhas

— Explicarei com prazer, mesmo porque creio que não foi só a senhora. Desde muitos séculos e pela boca de muitos profetas, tinha sido anunciada a vinda de Jesus. Ele viria tirar o seu povo do cativeiro, isto é, viria ensinar a humanidade a se livrar da escravidão do mal. E como um dos sinais pelos quais ele seria reconhecido era justamente seus atos, diante dos discípulos de João Jesus cura a muitos de enfermidades e de feridas; expulsa irmãos inferiores que atormentavam suas vítimas e dá vista a cegos. Ora, João Batista era o profeta que viera especialmente para anunciar a chegada de Jesus.

Os discípulos voltaram a João e lhe contaram o que tinham visto: que Jesus curava os doentes e pregava o Evangelho.

João disse então a seus discípulos:

— "É preciso que ele cresça e que eu diminua".

Desse modo reconhecia e proclamava que Jesus era mesmo quem havia de vir.

### A MORTE DE JOÃO BATISTA

— Vocês se lembram de que eu já lhes disse que Herodes mandou prender João Batista? Agora vou contar-lhes tudo direitinho.

Um dia João Batista sabendo que o rei Herodes tinha praticado um ato contrário à lei repreendeu-o.

— E fez muito bem! exclamou Joaninha. Se ele era rei tinha que dar o bom exemplo.

— Mas acontece que Herodes não pensava assim e mandou prender João Batista.

Herodias, mulher de Herodes, não gostava de João Batista.

— E por que, Lina? perguntou dona Leonor.

— Porque Herodias ajudava Herodes em suas maldades; e João Batista muitas vezes chamara-lhe a atenção por isso. Assim ela vivia instigando Herodes a que mandasse matar João. Porém Herodes não queria, porque considerava João um homem justo e santo, e de boa vontade ouvia-lhe os conselhos.

Mas um dia Herodes, para celebrar seu aniversário, deu uma esplêndida festa para ela, convidou os grandes de sua corte, as autoridades romanas e os principais da Galiléia.

Durante a festa, a filha de Herodias dançou diante de Herodes o qual, entusiasmado, prometeu dar-lhe o que ela quisesse como recompensa. Herodias não perdeu a oportunidade e mandou que ela pedisse a cabeça de João Batista.

Ela então se apresentou a Herodes e disse-lhe:

— "Quero que me dês já, neste prato, a cabeça de João Batista".

Herodes ficou muito triste, mas como tinha prometido perante todos dar-lhe o que ela quisesse, mandou degolar João no cárcere, e um soldado trouxe a cabeça dele numa bandeja de prata.

Foi assim que João Batista morreu; seu nobre espírito alçou-se ao mundo espiritual e seus discípulos sepultaram-lhe o corpo; em seguida foram contar a Jesus o que tinha acontecido. E Jesus retirou-se com seus discípulos para um lugar deserto a fim de orar pelo seu grande profeta.

Dona Lina calou-se. Estávamos comovidos e mudos; não sabíamos o que dizer. Ela então concluiu:

— João foi sacrificado porque não quis transigir com o mal. Vocês hoje são meninos e meninas; mais tarde serão homens e mulheres; serão grandes, como vocês dizem. Pois bem, quando vocês forem grandes nunca aprovem o mal, mesmo que isto lhes custe sacrifícios e lágrimas; e serão benditos de Deus. Prometem?

— Prometemos, sim senhora.

### A MULHER QUE PERFUMOU JESUS

Fizemos tanta propaganda das histórias de dona Lina entre nossos familiares, que raro era o serão que não contasse com novos ouvintes.

Nessa noite meus pais compareceram e lá já se encontravam os pais de Joaninha.

Depois dos cumprimentos habituais e de puxarem cadeiras arranjando lugares, o pai de Joaninha disse:

— Essa menina falou tanto sobre a história de Jesus que você conta, Lina, que tive vontade de ouvi-la, apesar de sabê-la.

— Recordar é sempre bom, sr. Orlando, observou dona Lina com um sorriso gentil. Ouçam:

Um dia, um fariseu convidou Jesus para comer com ele. E havendo entrado em casa do fariseu, sentou-se à mesa. Ora, havia na cidade uma mulher pecadora, que quando soube que Jesus estava em casa do fariseu, para lá se dirigiu levando um frasco de perfume. E arrependida de seu mau comportamento, pôs-se aos pés de Jesus, lavando-os com lágrimas, enxugando-os com os cabelos e beijando-os; por fim perfumou Jesus.

O fariseu ficou escandalizado com aquilo e pensou de si para consigo:

— "Se este homem fosse um profeta, bem saberia quem é e qual a mulher que o toca; porque é uma pecadora".

Jesus compreendeu logo o escrúpulo do fariseu e lhe disse:

— "Simão, tenho que te dizer uma coisa".

— "Mestre, dize-a", respondeu o fariseu.

— "Um credor tinha dois devedores: um lhe devia quinhentos dinheiros e outro cinqüenta. Porém não tendo os tais com que pagar, perdoou-lhes a ambos a dívida. Qual dos dois deverá amá-lo mais?"

— "Certamente aquele cuja dívida era maior".

— "Julgaste bem. Vês esta mulher? Entrei em tua casa, não me deste água para os pés; mas esta com lágrimas regou-me os pés e enxugou-os com os cabelos. Não me beijaste; mas esta, desde que entrou, não cessou de me beijar os pés. Não me perfumaste, mas ela me perfumou. Ela está amando-me muito, porque grandes são os seus erros".

E voltando-se para a pobre mulher que ali, a seus pés tudo ouvia, e em cujo coração começava acender-se a luz da esperança, disse-lhe:

— "Perdoados são os teus pecados. A tua fé te salvou. Vai-te em paz".

E os que ali comiam, diziam entre si:

— "Mas quem é esse que até perdoa os pecados?"

— É Jesus! gritou a Joaninha entusiasmada. O fariseu devia pouco e por isso amou pouco a Jesus. A mulher devia muito e por isso amou muito a Jesus. Não é verdade, dona Lina?

— Isso mesmo, Joaninha, respondeu dona Lina.

— Como está sabida essa minha filhinha! exclamou admirado o pai, muito bem!

### AS MULHERES QUE SERVIAM JESUS COM OS SEUS BENS

— Quando Jesus caminhava pelas cidades e aldeias das margens do lago acompanhado de seus doze discípulos, pregando o Evangelho, acontecia que muitas vezes era seguido por outras pessoas também, entre as quais havia algumas mulheres. Elas lhe eram muito agradecidas por tê-las livrado de enfermidades e ajudavam Jesus e os discípulos no que podiam.

O Evangelho guardou o nome das seguintes: Maria Madalena que Jesus livrou de sete irmãos inferiores; Joana de Cuza cujo marido era empregado de Herodes; Susana e outras cujos nomes se perderam.

E com isto dona Lina encerrou a história daquela noite. Conversou-se ainda por algum tempo e depois retiramo-nos contentes.

### CURA DE UM SURDO-MUDO DE DECÁPOLIS

— Um dia Jesus passava pelo território de Decápolis, quando lhe trouxeram um surdo-mudo e lhe pediram que pusesse as mãos sobre ele.

— Para que, dona Lina? perguntou o João André.

— Para curá-lo, certamente. E foi o que Jesus fez. Apartou-o do povo, pôs-lhe os dedos nos ouvidos e também um pouco de sua saliva na língua do mudo. E olhando para o céu, fez uma oração e disse:

— "Abre-te".

E no mesmo instante o surdo-mudo começou a ouvir e a falar.

Jesus proibiu o povo de dizer o que tinha acontecido. Mas o povo espalhava por toda a parte os feitos de Jesus e dizia:

— "Ele tudo tem feito bem; fez não só que ouvissem os surdos, mas que falassem os mudos".

## A PARÁBOLA DO SEMEADOR

E agora vou contar-lhes uma bonita parábola de Jesus; chama-se a parábola do semeador.

— Parábola! O que é parábola, dona Lina, perguntamos curiosos.

— Parábolas são pequeninas histórias que encerram sempre um ensinamento. Jesus recorria muito a parábolas para ensinar ao povo.

Um dia um semeador saiu a semear trigo em seu campo. Uma parte das sementes caiu na beira da estrada, foi pisada pelos que passavam e os passarinhos comeram-nas. Um punhado caiu entre pedregulhos, nasceu mas logo secou. Outra parte caiu entre espinhos. Os espinheiros cresceram e afogaram as plantinhas. E por fim muitas caíram em boa terra; germinaram, cresceram e deram muito trigo; cada grão produziu cem.

— Tal e qual a horta que o Antônio fez; onde tinha pedras, não deu nada, disse dona Leonor.

Todos olhamos para o sr. Antônio, que procurou justificar-se explicando que não percebera as pedras sob a leve camada de terra. Dona Lina riu e continuou:

— Vou dar-lhes o sentido da parábola do semeador. O campo que o homem semeou é o mundo; as sementes são os ensinamentos divinos que Jesus nos trouxe. Quem ouve os ensinamentos e não os pratica, é como a semente que caiu na beira da estrada, pisada pelos caminhantes e comida pelos passarinhos. Outros recebem com prazer os ensinamentos mas pouco tempo depois os esquecem; são os que receberam a semente entre pedregulhos. Aqueles que recebem a semente entre espinheiros são os que acham difícil praticar as lições divinas e preferem viver entregues aos negócios do mundo. Finalmente os que recebem a semente em boa terra, são todos aqueles que procuram viver de acordo com as lições de Jesus.

— E como é que se vive de acordo com as lições de Jesus, dona Lina? perguntou a Cecília.

— Fazendo sempre o bem e perdoando as ofensas que os outros nos fizerem, respondeu prontamente o Roberto.

— Isso mesmo, confirmou dona Lina. Jesus compara o mundo a uma grande roça onde devemos plantar as sementinhas do bem, as quais, germinando, farão a humanidade feliz.

— Mas o mundo é tão grande, Lina! suspirou dona Aninhas.

— De fato, Jesus também notou a extensão do trabalho; por isso disse a seus discípulos:

— "A seara verdadeiramente é grande e os trabalhadores são poucos. Peçam ao Senhor da seara que mande trabalhadores para sua seara".

Quero ver em que terreno vão cair as sementes que hoje estou plantando no coração de vocês.

— Esperemos que nossos corações sejam terra boa, onde frutifiquem as lições do bem, disse dona Leonor.

— Jesus, também afirmou que os que praticam suas lições são como uma lanterna que um homem acendeu para alumiar toda a casa. E agora até amanhã que já passa das oito horas, concluiu dona Lina, levantando-se.

### A FAMÍLIA DE JESUS

Quando nos reunimos na noite seguinte, o Sr. Antônio começou por perguntar:

— Lina, a família de Jesus tomou parte em seus trabalhos?

— Não, titio. Quase nada sabemos a respeito da família de Jesus. Entretanto, uma ocasião em que ele ensinava numa casa cheia de gente, sua mãe e seus irmãos foram vê-lo. Como não conseguissem entrar, alguém avisou Jesus de que sua mãe e seus irmãos estavam lá fora e queriam falar-lhe. Ao que Jesus respondeu:

— "Minha mãe e meus irmãos são todos aqueles que ouvem os ensinamentos que Deus, nosso Pai, mandou que eu trouxesse, e que os pratiquem para que todos sejam felizes".

— Vocês também precisam esforçar-se para pertencer à família de Jesus; e para merecerem tamanha honra não se afastem jamais do caminho do bem e do perdão.

### JESUS APAZIGUA A TEMPESTADE

— Um dia o céu turvou-se e ameaçou tempestade. Jesus e seus discípulos tomaram uma barca para ir do outro lado do lago. Ele se acomodou num cantinho e, cansado, adormeceu. Ao alcançarem o meio do lago, a tempestade desabou. Trovões ribombaram, relâmpagos riscavam os ares; acompanhado de chuva e granizo, o vento assoprava rijo; levantavam-se altas ondas e o barco enchia-se de água.

O perigo era iminente. Os discípulos atemorizados acordaram Jesus.

— "Mestre, acorda que pereceremos todos".

Jesus acordou, ficou de pé, e fazendo um gesto ao vento e às águas mandou que a tempestade cessasse. E a tempestade cessou. O lago se tornou tranqüilo e o sol brilhou no firmamento.

— E os discípulos, dona Lina, o que disseram? perguntou o Juquinha.

— Admirados de tal poder, diziam uns para os outros:

— "Quem é este a quem até os ventos e o mar obedecem?"

Jesus voltou-se para eles e censurou-os dizendo:

— "Onde está a fé de vocês?"

### O ENDEMONINHADO GERASENO

— Dali navegaram para a terra dos gerasenos, que fica defronte da Galiléia. Ao saltarem em terra, veio ter com eles um pobre homem atormentado por muitos irmãos inferiores.

O homem semelhava-se a um louco furioso. Todos fugiam dele porque atacava e arrebentava tudo o que encontrava pela frente. Quando viu Jesus, começou a gritar que não o aborrecesse e o deixasse em paz.

— E Jesus não teve medo, dona Lina? perguntou o João André.

— Não. Simplesmente expulsou os irmãozinhos inferiores, os quais abandonaram o homem e foram mexer com uma porcada que havia por ali. Os porcos se enfureceram e se atiraram no lago onde se afogaram.

Os porqueiros saíram correndo e foram contar o que tinha acontecido; depois voltaram e pediram a Jesus que se retirasse dali, porque estavam amedrontados.

O homem já em perfeito juízo pediu a Jesus que o deixasse ir com ele. Mas Jesus lhe disse:

— "Volta para tua casa e conta as maravilhas que Deus te fez".

Em seguida, Jesus e seus discípulos embarcaram e se retiraram para a Galiléia.

## A FILHA DE JAIRO E A CURA DE UMA MULHER

Havia um homem chamado Jairo que era o principal da sinagoga. Jairo veio procurar Jesus e, ajoelhado a seus pés, pediu-lhe que fosse à sua casa porque sua filha única, menina de doze anos, estava às portas da morte.

— Ah! dona Lina. Dizem que o sr. Manoel da venda também está, falou a Joaninha. Chamaram um médico de Barretos, mas papai disse que o médico não tem esperanças.

— Tão bom o sr. Manoel! exclamou o Juquinha.

— De fato, o sr. Manoel tem um grande coração, confirmou o sr. Antônio. Pobre que bate naquela porta, nunca sai com as mãos vazias: sempre leva algum alimento. Até nem sei como aquela vendinha dá para ele tratar da família e dos pobrezinhos!

— Ora, titio! Então o senhor não sabe que quem dá de coração nunca empobrece? disse dona Lina.

— Se Jesus estivesse aqui, ele curaria o sr. Manoel? perguntou o João André.

— Curaria, meu bem, respondeu dona Lina. Mas Jesus procura curar primeiro nossas almas, porque é a nossa parte que não morre. O corpo mais cedo ou mais tarde tem de morrer. Todos aqueles que Jesus curou, morreram também, inclusive o próprio Jesus.

Mas não se entristeçam; tenham a certeza de que Jesus curará o sr. Manoel. Ao terminarmos a história de hoje, faremos uma prece pedindo a Jesus pelo Sr. Manoel.

De caminho para casa de Jairo, uma mulher do povo, doente há muitos anos, tocou em Jesus e imediatamente ficou curada. Jesus percebeu o que se tinha passado, chamou-a e disse-lhe:

— "Filha, a tua fé te salvou; vai-te em paz".

Nisso chega um mensageiro da casa de Jairo e diz-lhe:

— "Não é preciso que o Mestre vá à tua casa, porque tua filha já morreu".

Jesus ouviu e disse-lhe:

— "Não temas; crê somente e ela será salva".

Lá chegados, depararam com todos chorando e se lastimando pela morte da menina. Jesus lhes pediu que não chorassem, porque a menina não estava morta, mas dormindo.

Em seguida chamou Pedro, Tiago, João, o pai e a mãe da menina e entrou com eles no quarto. Pegou na mão da menina e disse com voz alta:

— "Menina, levanta-te".

A menina se levantou e Jesus mandou que lhe dessem de comer.

E agora vamos orar pelo sr. Manoel; voltem seus pensamentos para Jesus e acompanhem minhas palavras.

Que bonita prece dona Lina fez! Nossos olhos se encheram de lágrimas. Concluída a prece, fomos para casa.

## A MISSÃO DOS DOZE

Joaninha no dia seguinte trouxe notícias do sr. Manoel.

— Estava um pouco melhor, dizia ela, e passou a noite calmo.

— Continuaremos a orar por ele, até que ele sare, disse dona Lina. Passemos agora à nossa história.

Certa vez Jesus chamou seus doze apóstolos e ordenou-lhes que fossem pregar o reino de Deus aos moradores das aldeias vizinhas. E deu-lhes autoridade sobre todos os irmãos inferiores e poder de curar enfermidades. Recomendou-lhes que não levassem nada, coisa alguma consigo; nem um pau em que se apoiassem, nem embornal, nem pão, nem dinheiro e partissem apenas com a roupa do corpo.

— Coitados! exclamou dona Leonor. E por que isso, Lina?

— Porque os apóstolos iam pregar o reino de Deus. E o reino de Deus é paz, tranqüilidade, amor, desprendimento dos bens terrenos, fé, paciência, perdão, tolerância, desejo do bem, auxílio aos semelhantes e muitas outras coisas mais. Ora, como os apóstolos poderiam ensinar tudo isso àquele povo, se se apresentassem armados de cacetes e carregados com as coisas da Terra? Poderiam falar muito bem, mas não convenceriam ninguém não é verdade?

— E como eles se arranjariam, Lina? perguntou dona Aninhas.

— Jesus providenciou sobre isso dizendo-lhes que aceitassem a hospitalidade das pessoas generosas que os quisessem receber em suas casas. E se alguém não os quisesse receber, que sacudissem o pó de suas sandálias e passassem adiante.

Os discípulos obedeceram; andaram de aldeia em aldeia pregando o Evangelho e fazendo muitas curas.

## HERODES E JOÃO BATISTA

Por esse tempo Herodes ouviu falar de Jesus e de tudo quanto ele fazia e ensinava. Ficou muito admirado e com medo, porque pensava que era João Batista que tinha ressurgido dos mortos. Então Herodes esperava uma ocasião favorável para ver Jesus.

— Eu, se fosse ele, virava discípulo de Jesus, disse a Joaninha, que era a que mais falava, obrigando muitas vezes dona Lina a ralhar com ela.

— Seria preciso saber se Jesus queria, não é dona Lina? disse a Cecília.

— De certo, naquele tempo isso não seria possível porque Herodes não estava preparado para a responsabilidade de ser um discípulo de Jesus. Hoje acredito que ele o seja, porque durante esses dois mil anos seu espírito deve ter aprendido muito e corrigido seus defeitos.

## A MULTIPLICAÇÃO DOS PÃES

Uma vez passou Jesus para o outro lado do Mar da Galiléia e aportou em Tiberíades. E uma grande multidão de gente o seguia, não só para ouvir-lhe os ensinamentos, como também porque ele curava os enfermos.

O dia já ia alto, aproximava-se a tarde e ninguém tinha ainda almoçado. Jesus sentou-se na relva, à sombra duma árvore e disse a Felipe:

— "A multidão é grande como é que compraremos pão para todos comerem?"

— "Nem duzentos dinheiros darão para comprar pão que toque um bocadinho a cada um, respondeu-lhe Felipe. O melhor é que tu despeças o povo para que volte à aldeia e se alimente".

— "Aqui está um moço, disse André, irmão de Simão Pedro, que tem cinco pães de cevada e dois peixes. Mas o que é isso para tanta gente?"

— "É o suficiente, disse Jesus. Façam sentar-se o povo em grupos de cinqüenta em cinqüenta e vamos dar-lhe de comer".

Tomou os cinco pães e os dois peixes, elevou os olhos para o céu, deu graças a Deus, e dividiu os pães e os peixes em bocados que ia dando aos discípulos e os discípulos os distribuíam pelo povo. Perto de cinco mil pessoas comeram e se fartaram. E quando acabaram de comer, Jesus mandou que fossem recolhidos os pedaços que sobraram e com eles encheram-se doze cestos.

E agora vamos rogar a Jesus pelo sr. Manoel; depois todos para casa.

## A CONFISSÃO DE PEDRO

— Um dia Jesus orava com seus discípulos. Depois das orações puseram-se a conversar. A certa altura, perguntou-lhes:

— "O que fala de mim o povo? Quem dizem que eu sou?"

Os discípulos responderam:

— "Uns dizem que és João Batista; outros que és Elias; e outros que voltou ao mundo um dos antigos profetas".

— "E vocês, que pensam que eu sou?"

— "Tu és o Cristo de Deus", respondeu Simão Pedro.

Jesus pediu-lhes que não dissessem isto a ninguém e terminou avisando-os:

— "Padecerei muitas coisas e serei desprezado por todos. Serei entregue à morte, mas no terceiro dia ressuscitarei".

— Dona Lina, o que quer dizer Cristo de Deus? perguntei.

— Cristo é uma palavra grega que quer dizer enviado. Jesus era o Enviado, isto é, aquele que Deus mandou para ensinar os homens a amarem-se uns aos outros e a praticarem o bem.

— E por que diz ele que será entregue à morte? perguntou a Joaninha.

— Porque os sacerdotes, os escribas e os fariseus não gostavam dele, como vocês verão mais tarde.

— E por que os sacerdotes, os escribas e os fariseus não gostavam de Jesus? perguntou o João André.

— Porque Jesus ensinava a verdade, isto é, as leis divinas que eles não queriam respeitar.

## CADA UM DEVE LEVAR A SUA CRUZ

E que notícias vocês me dão do sr. Manoel? perguntou dona Lina.

— Continua melhorando, respondeu o sr. Antônio. Fui visitá-lo hoje. Nossas orações estão dando resultado. Vocês precisam ver a paciência que ele tem!

— É assim mesmo que Jesus quer que sejamos. Por isso ele nos recomendou que tomássemos nossa cruz de cada dia e o seguíssemos.

— Que cruz, Lina? perguntou dona Aninhas.

— A cruz de nossos deveres, de nossos trabalhos, de nossas dificuldades e de nossos sofrimentos de cada dia. E com paciência e cheios de fé devemos ir até o fim. Assim teremos nossa alma salva, isto é, luminosa e pura no reino de Deus.

## JESUS ANDA SOBRE O MAR

Uma ocasião, era quase noite, Jesus mandou seus discípulos que tomassem a barca para voltarem a Cafarnaum. Ele iria mais tarde, pois queria ficar sozinho para orar. Seus discípulos obedeceram e partiram; remavam com dificuldade porque o mar estava agitado. Já se tinham distanciado muitos quilômetros da praia, quando Jesus foi ter com eles, andando sobre o mar. Os discípulos ficaram amedrontados, tomando-o por um fantasma.

— "Não tenham medo", gritou-lhes Jesus. "Sou eu. Tenham confiança".

Pedro criou coragem e falou:

— "Se és tu, Senhor, manda que eu vá até onde estás, por cima das águas".

— "Vem", ordenou-lhe Jesus.

Pedro desceu da barca e foi. Lá adiante, depois de andar muitos metros, fraquejou na fé e começou a afundar.

— Coitado! exclamou a Cecília. E afogou-se?

— Jesus não deixaria! gritou nervosamente o João André.

— De fato, Jesus não deixou, continuou dona Lina. Pedro pediu-lhe que o salvasse. Jesus correu para ele, estendeu-lhe a mão e repreendeu-o, dizendo:

— "Homem de pouca fé, por que duvidaste?"

— É verdade. O erro de Pedro foi duvidar. Nunca devemos duvidar de Jesus, disse dona Leonor.

— Entraram na barca e todos os discípulos o adoraram, dizendo:

— "Verdadeiramente tu és filho de Deus!"

— E nós não somos também, dona Lina? perguntou o Antoninho.

— Sim, todos somos filhos de Deus. Mas Jesus é um filho mais velho; por isso sabe mais do que nós e pacientemente nos está ensinando.

A barca abicou à praia e cada um foi para sua casa. É o que vocês vão fazer, depois de orarmos pelo sr. Manoel.

## A TRANSFIGURAÇÃO

Chegamos no dia seguinte à casa de dona Lina debaixo de chuva. O céu amanhecera cinzento anunciando chuva, que caiu ao entardecer. Dona Leonor colocou um balde ao lado da porta, onde deixamos os guarda-chuvas a escorrer; limpamos bem a lama dos sapatos e entramos.

— Vocês não deveriam ter vindo com um tempo desses! ralhou dona Leonor. Vejam como a Cecília está com as costas molhadas! Venha vestir uma blusa minha qualquer, senão você se resfria.

Quando Cecília apareceu na sala, todos rimos. Ela estava metida numa enorme blusa, com as mãozinhas sumidas dentro das mangas que pendiam.

— Vou contar-lhes hoje uma coisa muito bonita que aconteceu com Jesus, começou dona Lina.

Oito dias depois dos fatos que lhes narrei, Jesus convidou Pedro, Tiago e João que o acompanhassem para orar. Dirigiram-se a um monte que, segundo a tradição, se chama de Tabor e, enquanto oravam, Jesus se tornou resplandecente. Seu rosto brilhantíssimo irradiava luz cristalina. Ao seu lado apareceram dois grandes profetas do passado: Moisés e Elias que, cheios de majestade e luminosos também, conversavam com Jesus sobre o que lhe iria acontecer em Jerusalém.

Os discípulos quiseram fazer uma tenda para cada um, mas uma nuvem alvíssima cobriu os três e uma voz se fez ouvir, dizendo:

— "Este é o meu filho muito amado; ouvi-o".

Depois tudo desapareceu, ficando somente Jesus. Voltaram para casa e Jesus recomendou-lhes que, por enquanto, nada dissessem do que tinham visto.

Esse episódio da vida de Jesus é conhecido como a Transfiguração.

— Por que Jesus se transfigurou? perguntou o João André.

— Para mostrar que a bondade torna o homem luminoso.

— Por que, Lina, você disse que o monte se chama Tabor segundo a tradição? perguntou o sr. Antônio.

— Porque os evangelistas, isto é, os discípulos que escreveram os Evangelhos não lhe mencionam o nome. Porém desde os primeiros tempos do Cristianismo se diz que a transfiguração teve lugar no monte Tabor, formosa montanha ao norte de Tiberíades.

## CURA DE UM JOVEM LUNÁTICO

Certa vez desceu Jesus do monte onde estivera a orar, e veio ao seu encontro uma grande multidão de gente, da qual se destacou um homem que gritou:

— "Mestre, rogo-te que ponhas os olhos em meu filho, que é o único que tenho. Um irmãozinho inferior se apodera dele, e o faz dar gritos e o lança por terra; agita-o com violência e quando o larga, o pobre do rapaz está em mísero estado. Teus discípulos foram vê-lo e nada puderam fazer".

Jesus mandou que trouxessem o moço, que em sua própria frente foi lançado por terra pelo espírito. Curou-o e restituiu-o ao pai agradecido.

— Por que os discípulos nada puderam fazer, Lina? perguntou o sr. Antônio.

— Porque não tiveram suficiente fé em Deus. Para fazer o que Jesus fazia, era preciso não duvidar. Quem duvida não tem forças.

E como todos se admirassem e elogiassem Jesus, ele não se iludiu e avisou seus discípulos de que seria entregue às mãos dos carrascos.

## O MAIOR NO REINO DOS CÉUS

Aconteceu que uma ocasião os discípulos discutiram sobre qual deles era o maior. Jesus ouviu a discussão e repreendeu-os dizendo:

— "Aquele que dentre vocês for o mais humilde, o mais bondoso; aquele que servir a todos com a maior boa vontade, e se esforçar por ser sempre o menor, esse será o maior no reino dos céus. Porque quem se humilha será elevado; e quem se orgulha será rebaixado".

## QUEM NÃO É CONTRA NÓS, É POR NÓS

João disse um dia a Jesus:

— "Mestre, encontramos um homem que em teu nome expelia os irmãozinhos inferiores. Como não era teu discípulo, nós lho proibimos."

Jesus respondeu:

— "Não lho proíbam, porque quem não é contra nós, está a nosso favor. Façam com que venham a mim todos os que andam em trabalhos, e todos os que estão sobrecarregados e eu aliviarei a todos. Tomem sobre vocês o meu jugo e aprendam de mim que sou manso e humilde de coração. Então vocês terão paz e descanso, porque o meu jugo é suave e o meu peso é leve".

— Que lindas palavras! exclamou dona Aninhas. Só mesmo Jesus é quem as poderia pronunciar.

## O REINO DOS CÉUS

— Lina, eu queria que você nos explicasse o que vem a ser o reino dos céus, a que Jesus se refere continuamente, pediu dona Leonor.

— Com todo o prazer, respondeu dona Lina gentil. Ouçam com atenção. O reino dos céus, do qual Jesus nos fala, tem dois aspectos: um deles está dentro de nós e é representado por uma consciência tranqüila, que conseguiremos por uma conduta reta aliada à bondade. O outro são os planos felizes do universo, onde iremos habitar segundo nosso merecimento. Esses planos felizes começam dentro de nosso lar e se estendem pelo infinito. Compreenderam? Agora me digam qual dos dois aspectos do reino de Deus é o mais importante.

Pensamos um pouco e o sr. Antônio respondeu:

— Creio que o mais importante é o da consciência tranqüila. Quem tem uma consciência tranqüila, que não o acuse de nenhum mal, alcançará facilmente os planos felizes do universo.

— Isto mesmo, titio, o senhor acertou! exclamou dona Lina. Vou contar-lhes algumas parábolas de Jesus a respeito do reino dos céus.

O reino dos céus é como uma semente que o lavrador planta na terra; nasce, cresce, e aos pouquinhos se torna uma árvore frondosa, dando frutos para Deus.

O reino dos céus é como um campo onde nasce o bom trigo e a erva daninha. O bom trigo, que são os homens bons, será recolhido aos celeiros de Deus. A erva daninha, que são os homens maus, será entregue ao fogo, isto é, ao sofrimento.

O reino dos céus é como um grão de mostarda que é a menor das sementes; mas quando nasce e cresce, torna-se uma grande árvore em cujos ramos as aves vêm fazer seus ninhos.

O reino dos céus é como o fermento que o padeiro põe na massa; um pouquinho só fermenta a massa toda.

— Outro dia mamãe pôs fermento demais num bolo e quando cresceu vazou fora da fôrma, disse Joaninha.

Dona Lina riu e continuou:

— O reino dos céus é como um tesouro escondido num campo. Um homem achou-o e vendeu tudo o que tinha para comprar aquele campo e ficar com o tesouro.

O reino dos céus é também igual a uma rede que, lançada ao mar, colhe muitos peixes. Os pescadores ficam com os bons e jogam fora os que não prestam.

E finalmente o reino dos céus é como um negociante de pérolas o qual, achando uma maravilhosa e de grande preço, vai, vende tudo o que tem para comprá-la.

De todas essas parábolas de Jesus sobre o reino dos céus, o que vocês aprenderam?

— Aprendemos que devemos esforçar-nos, trabalhar, lutar, sofrer se for preciso, para conquistarmos o reino dos céus, respondemos em coro, com grande raiva da Joaninha que queria ser a única a responder.

— Muito bem e como prestaram atenção! Vamos terminar orando pelo sr. Manoel.

## A PARÁBOLA DO CREDOR INCOMPASSIVO

— Ouviremos hoje duas parábolas muito bonitas que Jesus ensinou ao povo.

Havia um rei que resolveu acertar as contas com os seus súditos. Entre outros apresentou-se um que lhe devia dez mil talentos. Talento era o dinheiro daquele tempo. O pobre do devedor não tinha um níquel sequer com que pagar, e por isso o rei mandou vender tudo o que ele tinha, inclusive a mulher e os filhos como escravos, para ficar pago da dívida. Lançou-se então aos pés do rei, pedindo-lhe que tivesse paciência, porque ele trabalharia e pagaria tudo.

O Rei se compadeceu, deixou-o ir livre e perdoou-lhe a dívida.

Nem bem este homem tinha saído do palácio do rei, quando se encontrou com um companheiro que lhe devia cem dinheiros. Um dinheiro é muito menos do que um talento. Agarrou-o e exigiu que ele lhe pagasse imediatamente o que lhe devia.

O companheiro lançou-se a seus pés e rogou-lhe que tivesse um pouco de paciência que ele havia de lhe pagar tudo. Mas o credor não quis saber de nada e mandou que o pusessem na cadeia até pagar a dívida.

O rei soube disso, mandou buscar o mau servo e lhe disse:

— "Servo mau, eu te perdoei a dívida toda porque me pediste. Não podias logo perdoar a dívida de teu irmão?".

E mandou-o também para a prisão até que pagasse toda a dívida.

Assim também fará Deus com vocês se não perdoarem do fundo do coração cada um a seu irmão.

— O que é que devemos perdoar, dona Lina? perguntou a Cecília.

— Devemos perdoar as ofensas que os outros nos fizerem, para que Deus também nos perdoe.

## A PARÁBOLA DOS TRABALHADORES E DAS DIVERSAS HORAS DO DIA

Chegado o tempo das uvas, saiu de manhãzinha o dono duma vinha para arranjar trabalhadores para colherem as uvas. Arranjou alguns e combinou com eles a tarefa pelo preço de um dinheiro por dia e mandou-os para sua vinha. E tendo saído junto da terceira hora, viu outros que estavam na praça ociosos e mandou-os também para o seu trabalho. A mesma coisa ele fez na sexta, na nona e na undécima hora.

Pelo fim da tarde chamou o administrador de sua vinha e ordenou-lhe que pagasse o salário dos trabalhadores, dando um dinheiro a cada um, mesmo aos que tinham vindo para o trabalho na última hora, começando por estes e acabando pelos primeiros.

Quando os homens que tinham chegado de manhã, viram que os contratados de tarde recebiam um dinheiro, pensaram que receberiam mais. Vendo, porém, que recebiam a mesma coisa, foram queixar-se ao dono da vinha:

— "Como! Estes últimos trabalharam apenas uma hora e o senhor os igualou a nós que trabalhamos o dia inteiro?"

— "Amigos, respondeu-lhes o dono da vinha, não estou sendo injusto com ninguém, porque estou dando a cada um aquilo que foi combinado."

— Lina, só você nos explicando estas duas parábolas, porque delas pouco compreendi, pediu o sr. Antônio.

— Nós também, dissemos todos.

— É fácil. Com estas duas parábolas, Jesus nos ensina mais alguma coisa do reino dos céus. Com a do credor incompassivo, ele nos demonstra que se não usarmos do perdão incondicional, não entraremos no reino dos céus. Com a dos trabalhadores aprendemos que qualquer hora é hora de começar a trabalhar para alcançarmos o reino dos céus. Vocês que ainda são pequenos, eu que sou maior do que vocês, o tio Antônio, tia Leonor, dona Aninhas que já são de certa idade, meu avô que vocês não conhecem, mas que já está velhinho, todos podem desde agora se esforçar por conquistar o reino dos céus. E o prêmio que Deus dá a todos, não importa a hora em que comecemos, é o mesmo e um só: o reino dos céus. Compreenderam?

— Você falou em hora sexta, nona, undécima, que maneira era essa de medir o tempo, Lina? perguntou dona Aninhas.

— Muito simples. Os antigos dividiam o dia, desde o nascer do sol até o seu ocaso, em doze horas. Assim a hora sexta era o meio-dia; a hora terceira era por volta das nove horas da manhã; a hora nona, ou noa, pelas três da tarde; a undécima, mais ou menos pelas cinco da tarde. Como as horas do dia se contavam de sol a sol, eram mais compridas no verão e mais curtas no inverno. A noite era dividida em quatro vigílias, cada uma de três horas. Com o aparecimento das primeiras estrelas, principiava a primeira vigília da noite. Até meia-noite eram duas vigílias; e da meia-noite aos primeiros raios do sol, mais duas vigílias.

Voltando ao dono da vinha, modernamente diremos que ele saiu à procura de trabalhadores às seis horas, às nove horas, ao meio dia, às quinze horas, às dezessete horas, e pagou-lhes o salário pelo fim da tarde, isto é, às dezoito horas. Entendido?

— Sim, senhora!

— E que notícias me dão do sr. Manoel?

— Ele está bom, dona Lina, respondeu a Joaninha. Hoje fui à venda dele fazer compras e foi ele quem me serviu.

— Então vamos agradecer a Deus e a Jesus por terem ouvido nossas preces, e daqui por diante encerraremos nossas histórias com uma prece pelos doentes e pelos pobrezinhos. Quando vocês souberem de algum necessitado, tragam-me o seu nome para orarmos por ele.

E daí por diante, todas as noites orávamos, e dona Lina não nos deixava ir embora sem nossa prece pelos sofredores do mundo.

## A QUEM TE BATER NUMA FACE, OFERECEI-LHE TAMBÉM A OUTRA

Um dia Juquinha trouxe uma pergunta para dona Lina.

— Dona Lina, papai quer saber como a senhora explica o ensinamento de Jesus em que ele diz:

"A quem te bater numa face, oferece-lhe também a outra".

— Esse é um dos mais belos ensinamentos de Jesus. Por esse mandamento, ele nos proíbe toda e qualquer idéia de vingança. Qualquer que seja a ofensa que recebermos, seja qual for o prejuízo que nos causarem, façam contra nós o que fizerem, jamais nos devemos vingar, compreenderam?

— E se eu estiver brigando e me baterem, dona Lina, como é que eu faço?

— Muito simples, não brigue nunca. É muito fácil resolvermos nossas questões sem brigas e com bons modos. Um menino que conhece os ensinamentos de Jesus, não briga.

— Mas se alguém me provocar? continuou o Roberto.

— Não dê motivos e ninguém o provocará. Seja educado para com todos. Trate todos com delicadeza e atenção. Contudo, se acontecer que você receba uma provocação, retire-se em tempo, perdoe e faça uma prece rogando a Deus por quem o provocou. Não se vingando nunca e perdoando do fundo do coração, vocês estarão praticando este grande ensinamento de Jesus: "A quem te ferir uma face, oferece-lhe também a outra.

Dona Lina foi interrompida neste momento por umas batidas na porta. O sr. Antônio se levantou e foi ver quem era. Ouvimos então uma voz conhecida de todos: era o sr. Manoel, o vendeiro, pelo qual tínhamos orado. Vinha pagar a visita que o sr. Antônio lhe fizera, quando de sua doença. Ao chegar à sala, perguntou admirado, apertando-nos a mão:

— O que fazem aqui os meus freguezinhos, com ares de quem estão na escola?

Dona Lina explicou-lhe o que fazíamos.

— Mas por hoje a história terminou; agora só amanhã, sr. Manoel.

— Virei, virei algumas vezes ouvi-la, prometeu ele. Ela me fará recordar minha santa mãezinha, que ma contou quando eu era um pirralhito como esses.

— Vamos então à nossa prece.

— Dona Lina, falou a Joaninha, poderemos fazer a prece pela Dorinha, a filhinha da lavadeira, que mora na margem do córrego? Ela está bem doente, parece que com sarampo complicado. A mãe dela contou-nos hoje, chorando, quando foi buscar a roupa lá em casa.

E assim fizemos a prece pela Dorinha; depois despedimo-nos e fomos para casa.

### O TESOURO QUE A TRAÇA NÃO RÓI

— O que disse seu pai da explicação de ontem, Juquinha? perguntou-lhe dona Lina, quando nos viu reunidos.

— Gostou muito, dona Lina. E disse que é assim mesmo que deve ser; porque só com a aplicação da lei do perdão é que haverá paz e harmonia no mundo.

— A senhora sabe o que o sr. Manoel fez hoje logo de manhã cedo, dona Lina? Pois ele foi à casa de Dorinha e levou uma porção de coisas para ajudar a mãe dela no tratamento, disse a Joaninha.

— O sr. Manoel está trocando os bens do mundo que as traças roem e os ladrões roubam, pelos bens do céu que as traças não roem e os ladrões não roubam.

— Como assim, Lina? perguntou dona Aninhas.

— Procedendo dessa maneira, o sr. Manoel está aplicando o seguinte ensinamento de Jesus:

"Não ajuntem tesouros na Terra, onde a ferrugem e as traças os consomem, e os ladrões os roubam. Mas ajuntem tesouros no céu, onde nem a ferrugem, nem as traças os consomem, e os ladrões não os roubam."

— Já sei, Lina, disse o sr. Antônio. Todo o bem que fizermos com as possibilidades que Deus nos dá, é um depósito que fazemos a nosso favor no céu, isto é, no mundo espiritual para onde iremos mais tarde.

— Muito bem, é isso mesmo! Aconteceu que uma ocasião, Jesus foi a Jerusalém, a cidade dos escribas, dos doutores da Lei, dos sacerdotes orgulhosos, os quais, por todos os meios possíveis, procuravam atrapalhar Jesus em seu trabalho divino.

— E conseguiram, dona Lina? perguntou a Cecília.

— Não. O mal jamais conseguirá ofuscar o bem. E de cada ataque que Jesus recebia, tirava lições luminosas para todos, como vocês verão.

— E por que Jesus ia a Jerusalém? tornou a perguntar a Cecília.

— Parece-me que já lhes expliquei que era costume do povo ir a Jerusalém pelas festas da Páscoa para assistir a elas. E Jesus também para lá se dirigia, aproveitando a ocasião para ensinar e pregar sua doutrina. Mas desta vez, apesar do ódio que os fariseus lhe tinham, nada lhe fizeram e ele voltou são e salvo.

De caminho, como se aproximasse a noite, Jesus mandou adiante de si mensageiros para que lhe arranjassem pousada. Era uma cidade da Samaria e não quiseram dar-lhe pouso ali. Voltaram e comunicaram o fato a Jesus.

Tiago e João ficaram indignados e lhe perguntaram:

— "Queres que façamos descer fogo do céu para consumir essa cidade?"

Jesus repreendeu-os dizendo:

— "Parem com esses pensamentos maldosos, porque vocês não sabem o que estão dizendo. Eu não vim ao mundo para perder ninguém, mas para salvar a todos".

E foram para outra povoação.

### ACERCA DOS QUE SEGUEM JESUS

Aconteceu que indo eles pela estrada, veio um homem que disse a Jesus:

— "Eu te seguirei para onde quer que fores".

Jesus lhe respondeu:

— "As raposas têm suas covas e as aves do céu os seus ninhos; mas o Filho do homem não tem onde reclinar a cabeça".

E numa curva da estrada encontraram outro homem a quem Jesus disse:

— "Segue-me".

O homem pensou um pouco e respondeu:

— "Senhor, permita-me que eu vá primeiro enterrar meu pai".

E Jesus lhe replicou:

— "Deixa que os mortos enterrem os seus mortos e tu vai e anuncia o reino de Deus".

Um outro, que escutara tudo aquilo, afirmou a Jesus:

— "Eu te seguirei, Senhor, mas dá-me licença que eu vá primeiro dispor dos bens que tenho em minha casa."

Retrucou-lhe Jesus:

— "Nenhum que pega no arado e olha para trás, é apto para o reino de Deus".

Estas coisas disse Jesus a respeito daqueles que o querem seguir, quando viajava da Galiléia para Jerusalém, a pé, com seus discípulos.

— Lina, falou dona Leonor, eu pouco entendi e você terá que me explicar tudo.

— Façamos o seguinte: cada um terá direito a uma pergunta e assim tudo ficará esclarecido.

Tocou-me a mim a primeira pergunta e perguntei-lhe o que significava a expressão Filho do homem.

— É uma expressão cujo significado tem sido muito discutido. Ela aparece nos Evangelhos setenta e oito vezes mais ou menos. Parece que Jesus usava dela quando desejava referir-se a si mesmo, como Espírito que descera à Terra para o esforço supremo de ensinar seus irmãos pequeninos ainda, e como prova de obediência a Deus que o enviara entre os homens.

Ao sr. Antônio coube a segunda pergunta, e ele quis saber por que Jesus disse que se deve deixar aos mortos o cuidado de enterrar seus mortos.

— Naturalmente Jesus não proíbe que prestemos as últimas homenagens ao corpo de nossos entes queridos que partiram. Ele simplesmente quis dizer que o dever de ensinar aos homens o Evangelho que Deus mandou que ele trouxesse é a principal preocupação de quem aspira a ser seu discípulo. Para Jesus os mortos são aqueles que ainda não compreenderam seus ensinamentos, porquanto a morte não existe.

— E por que Jesus declarou que não tinha onde reclinar a cabeça, dona Lina? perguntou a Cecília, dona da terceira pergunta.

— Demonstrou-nos assim que seus discípulos não devem prender-se aos bens terrenos. Tanto os pobres como os ricos podem ser discípulos de Jesus, uma vez que tenham o coração puro, e coloquem sempre em primeiro lugar o seu Evangelho, vivendo de conformidade com o que ali está escrito.

— E o último, Lina, o que pediu licença para dispor de seus bens primeiro? perguntou dona Leonor.

— Este demonstrou claramente sua intenção de tratar antes de tudo das coisas da Terra, para depois cuidar das do céu. Quando o contrário é que deve ser: primeiro cuidaremos das coisas do céu, isto é, das que beneficiam nossa alma que é imortal; depois é que trataremos das coisas da Terra, que são passageiras, porque as deixaremos aqui, às vezes mais depressa do que pensamos.

Nada, por conseguinte, deve impedir nosso trabalho espiritual: nem a pobreza, nem a riqueza, nem a morte. É pôr o pé na estrada e caminhar para a frente de ânimo resoluto, vencendo as dificuldades, como o rio que alcança o mar por saber contornar os obstáculos.

E com preces a Deus e a Jesus pela cura da Dorinha, terminamos a história daquela noite.

## A MISSÃO DOS SETENTA E DOIS DISCÍPULOS

— Como havia muita gente de boa vontade que acompanhava Jesus e os discípulos a Jerusalém, ouvindo e aprendendo as lições, ele escolheu setenta e dois aprendizes de seu Evangelho e mandou-os adiante de si a todos os lugares e cidades por onde ele tinha de passar.

— Por que esse povo todo ia a Jerusalém, dona Lina? perguntou a Joaninha.

— Para assistir às grandes festas que anualmente se celebravam no grande templo, por ocasião da Páscoa.

A esses aprendizes Jesus deu mais ou menos as mesmas instruções que dera a seus discípulos ao enviá-los pela primeira vez, lembram-se?

— Por que, dona Lina, Jesus enviou esses aprendizes, quando tinha os apóstolos? perguntei.

— Porque o trabalho de ensinar o Evangelho aos homens é muito grande e exige muitos trabalhadores. Sabendo disso Jesus disse que a seara na verdade era grande, e os trabalhadores poucos. E pediu que rogássemos ao dono da seara, que é Deus, que mandasse trabalhadores para sua seara, que é o mundo.

Os setenta e dois aprendizes voltaram alegríssimos por terem visto que os demônios, isto é, os irmãozinhos inferiores lhes obedeciam. Jesus então lhes disse que se alegrassem ainda mais, porque os trabalhadores do Evangelho têm seus nomes escritos nos céus.

## O BOM SAMARITANO

Eis que apareceu um doutor da lei, que lhe disse para o experimentar:

— "Mestre, que hei de fazer para merecer a vida eterna?"

E Jesus lhe respondeu:

— "O que está escrito na lei? Como tu a compreendes?"

O doutor da lei respondeu:

— "Amarás ao Senhor teu Deus de todo teu coração, de toda tua alma, de todas as tuas forças, de todo teu entendimento, e ao seu próximo como a ti mesmo".

— "Respondeste acertadamente", disse-lhe Jesus. "Faze isso e merecerás a vida eterna".

— O que é a vida eterna, dona Lina? perguntamos.

— A vida eterna é aquela que viveremos nos mundos espirituais, onde não mais passaremos pelo fenômeno da morte, como aqui na Terra. Nesses mundos a felicidade é perfeita.

Mas o doutor da lei não ficou satisfeito, e querendo desculpar-se, perguntou:

— "E quem é o meu próximo?"

Em resposta, Jesus contou-lhe a seguinte história:

— "Um homem viajava de Jerusalém para Jericó, e caiu nas mãos dos ladrões que lhe roubaram tudo o que levava. Não contente em roubá-lo, os ladrões ainda o feriram, deixando-o na estrada meio morto.

Aconteceu que passou por ali um sacerdote; ouviu seus gemidos, contudo evitou-o, passando de largo.

Logo depois apareceu um levita, que o viu, mas também se arredou, deixando o pobre ferido abandonado e sangrando.

Porém um samaritano que seguia o seu caminho, chegou perto dele, e quando o viu ficou penalizado e imediatamente se pôs a cuidar dele. Tomou um pouco de azeite e de vinho e limpou-lhe as feridas, atando-as com tiras que rasgou duma peça de sua própria roupa. Em seguida, carinhosa e cuidadosamente, colocou o desconhecido sobre o seu burrico, e levou-o a uma estalagem que havia na beira da estrada. Acomodou-o muito bem num quarto, pagou as despesas e disse ao estalajadeiro:

— "Trata com muita atenção deste homem, que foi ferido por ladrões na estrada. Voltarei dentro de alguns dias e te pagarei tudo o que gastares a mais com ele".

— "Qual destes três te parece que foi o próximo daquele que caiu nas mãos dos ladrões?"

— "Aquele que usou de misericórdia com o tal", respondeu o doutor da lei.

— "Pois faze tu o mesmo", ordenou-lhe Jesus.

— Dona Lina, o que é um levita?" perguntou o João André.

— Os levitas eram os encarregados dos serviços do templo, mas não eram sacerdotes.

## MARTA E MARIA

Continuaram o caminho e entraram numa aldeia, onde foram hospedados por uma bondosa mulher chamada Marta, que tinha uma irmã chamada Maria.

Jesus descansava e aproveitava o tempo para ensinar; Maria sentou-se a seus pés e ouvia embevecida as palavras dele. Porém, Marta estava toda entregue aos afazeres da casa, limpando, esfregando, arrumando, e preparando as coisas para seus hóspedes. Percebendo que Marta não fazia nada, foi reclamar com Jesus:

— "Eu estou trabalhando sozinha, e Maria aí sem me ajudar; mande que ela me ajude".

— "Marta, Marta", respondeu-lhe Jesus, não te embaraces em cuidar de muitas coisas. Uma só coisa é necessária; Maria escolheu a melhor parte que não lhe será tirada".

— O que significa esta resposta que Jesus deu à Marta? perguntou dona Aninhas.

— Fiquei curioso também eu por saber, disse o sr. Antônio.

— Com esta resposta, Jesus chama nossa atenção para as coisas espirituais, que valem mais do que as materiais. Maria ouvia a palavra de Jesus, que eram ensinamentos que lhe beneficiariam a alma, e esta era a melhor parte. Marta, porém, preocupada com as coisas materiais, não soube reservar nem alguns poucos minutos para aprender as lições novas que Jesus trazia.

Vocês, por exemplo, que estão ouvindo e aprendendo a história de Jesus, escolheram a melhor parte.

E agora vamos a nossas orações, que já se faz tarde.

### A ORAÇÃO DOMINICAL

Tivemos uma agradável surpresa na noite seguinte: o sr. Manoel veio ouvir a história e trouxe um pacote de balas para nós.

— Aconteceu que Jesus orava num lugar afastado e um de seus discípulos chegou-se a ele e pediu que os ensinasse a orar.

Jesus então lhes disse:

— "Quando vocês orarem, não há necessidade de que os outros os vejam; procurem um lugar sossegado, longe da vista dos homens; porque a oração só deve ser ouvida por Deus, nosso Pai. Vocês não precisam fazer orações muito compridas, porque não é pelo muito falar que vocês serão ouvidos. Lembrem-se de que Deus sabe do que vocês necessitam, muito antes de vocês lho pedir. Portanto, quando vocês orarem, orem assim:

"Pai nosso que estás nos céus; santificado seja o teu nome. Venha a nós o teu reino. Seja feita a tua vontade, assim na Terra como nos céus. O pão nosso de cada dia, dá-nos hoje. Perdoa-nos as nossas ofensas, assim como nós também perdoamos nossos ofensores. Não nos deixes cair em tentações. Livra-nos do mal. Assim seja".

E agora, continuou dona Lina, repitam comigo esta oração, até que a saibam de cor. E quero que vocês a façam todas as noites ao se deitarem, e todas as manhãs ao se levantarem.

Repetimos em voz alta uma porção de vezes a oração dominical e depois cada um de nós a disse por sua vez, para que dona Lina se certificasse de que a sabíamos bem.

— Era assim mesmo que minha santa mãezinha me ensinava a orar, quando eu era pequenino! exclamou o sr. Manoel. Ela me punha em seus joelhos, tomava minhas mãozinhas nas suas, e orávamos ambos.

E aqui ele puxou do lenço e enxugou uma lágrima que teimava em correr-lhe pela face.

— Só que no fim ela dizia amém, em lugar de assim seja, concluiu ele.

— É a mesma coisa, explicou dona Lina. Amém é uma palavra hebraica cujo significado é assim seja. Pronunciada no fim das orações, amém ou assim seja, demonstra nossa firme vontade de procedermos conforme oramos.

— E por que Lina, oração dominical? Eu a conhecia por Pai Nosso, falou dona Leonor.

— Também é a mesma coisa. Oração do Pai Nosso assim chamada porque a fazemos a Deus, nosso Pai e Senhor. Oração dominical ou a oração do Senhor, porque dominical se deriva da palavra latina dominus, que quer dizer Senhor.

— Mas como a senhora sabe! exclamou o Juquinha.

— Sei porque estudo. Se vocês forem estudiosos, ficarão sabendo tanto ou mais do que eu. E para terminar, vou contar-lhes como Jesus ensinava a dar esmolas:

— "Quando vocês derem esmolas, disse ele, ou fizerem o bem, ou ajudarem alguém, façam tudo isso ocultamente, de modo que ninguém o saiba. E Deus, nosso Pai, que tudo vê, verá as esmolas que vocês derem, o bem que vocês fizerem, e o auxílio que vocês prestarem aos necessitados. E ele não se esquecerá de recompensá-los. Não saiba a mão esquerda o que faz a direita.

Em seguida à oração habitual, fomos para casa.

## PARÁBOLA DO AMIGO IMPORTUNO

— Jesus conversava com seus discípulos e com outras pessoas que o acompanhavam, e lhes contou a seguinte parábola:

— "Tarde da noite chegou à casa dum homem seu amigo. O viajante vinha cansado e com fome. O homem percebeu que não tinha pão e foi pedi-lo emprestado ao vizinho. O vizinho não quis levantar-se da cama para dar-lho. Mas o homem bateu tanto que por fim o outro não teve remédio senão atendê-lo para que pudesse dormir. Assim é Deus, nosso Pai: insistam com ele e ele lhes dará todos os bens de que vocês precisam. Ele é um Pai muito bondoso e nunca dará uma pedra ao filho que pedir pão, nem uma serpente ao filho que lhe pedir um peixe, nem um escorpião ao filho que lhe pedir um ovo. Por isso, peçam que lhes será dado; batam que a porta lhes será aberta e procurem que vocês acharão. Se os pais da terra sabem dar boas coisas a seus filhos, quanto mais o Pai celestial dará espírito bom aos que lho pedirem".

— Lindos ensinamentos esses, Lina! exclamou dona Leonor. Penso que por meio deles, Jesus nos ensina que nos entreguemos confiantes a Deus, nosso Pai, o qual jamais nos deixará faltar qualquer coisa para o nosso bem.

— Isso mesmo, titia, Jesus procura por todos os meios avivar a fé em nossos corações.

## A BLASFÊMIA DOS FARISEUS

Mas os fariseus não davam sossego a Jesus e começaram a persegui-lo. E uma vez em que ele expulsava um demônio, isto é, um irmãozinho inferior, de um mudo, começou o mudo a falar, e os fariseus disseram:

— "Ele expulsa os demônios, porque também é um demônio; por isso os demônios lhe obedecem".

Ao que Jesus respondeu:

— "Se eu fosse um demônio, eu não poderia ir contra os demônios. Mas se eu lanço fora os demônios em nome de Deus, é porque chegou a vocês o reino de Deus. E assim quando um demônio deixa um homem e este homem não obedece às leis divinas, o demônio volta trazendo outros, e o estado do homem passa a ser pior do que o primeiro".

— Já lhes expliquei o que é demônio, não é verdade?

— Já, sim senhora, respondemos.

— Mas que gente ignorante! exclamou a Joaninha. Será que eles não viam que Jesus estava fazendo o bem?

— Os orgulhosos como os fariseus não queriam compreender, continuou dona Lina. Mas os humildes compreendiam; tanto que uma mulher do povo gritou para Jesus:

— "Bem-aventurada a mulher que te criou!"

Ao que Jesus respondeu:

— "Antes bem-aventurados aqueles que ouvem a palavra de Deus e a praticam".

— E Jesus nunca ralhou com eles, dona Lina? perguntou a Cecília.

— Sim, mais do que uma vez. Sempre que se lhe apresentava uma ocasião favorável, ele repreendia os escribas, os doutores da lei, os fariseus e todos os que se compraziam no mal. Tanto assim que uma ocasião um fariseu o convidou para jantar. Como Jesus não se tivesse lavado segundo os preceitos da lei, o fariseu reparou nisso. Jesus aproveitou o ensejo e deu-lhe a seguinte lição:

— "Vocês fariseus limpam-se muito bem por fora, mas por dentro estão cheios de pensamentos maus, de rapina e de maldades. Loucos, o que está por dentro não deve também estar limpo como o que está por fora? Façam o bem, dêem esmolas do que lhes pertence, e tudo ficará limpo. Vocês pagam suas contribuições ao templo, mas desprezam a justiça e o amor de Deus, que é o que mais importa que vocês pratiquem, sem que, entretanto, se esqueçam daquelas. Ai de vocês, fariseus, que gostam de ter sempre os primeiros lugares, e de serem saudados nas praças. Vocês são semelhantes a sepulcros bem caiados por fora, e cheios de imundícies por dentro".

Mas um dos doutores da lei que ali estava, disse-lhe:

— "Mestre, desse modo você nos ofende também!"

— "Ai de vocês também, doutores da lei, que exigem que os homens cumpram a lei e os enchem de obrigações que eles não podem desempenhar, mas vocês mesmos não movem um dedo sequer para ajudá-los".

— Jesus fez muito bem em chamá-los à ordem, falou dona Leonor. Então só os pequenos é que devem cumprir isto e mais aquilo e eles, os grandes, nada?

— Como Jesus não perdia oportunidade de corrigi-los e de mostrar-lhes os erros que cometiam, começaram a procurar um meio de acusá-lo. Contudo, Jesus não tinha medo deles e recomendava a seus discípulos que se guardassem do fermento dos fariseus que era a hipocrisia.

— "O hipócrita, dizia ele, pode esconder seus atos, porém um dia será desmascarado. Porque nenhuma coisa há oculta que se não venha a descobrir, nem escondida que se não venha a saber. O teu olho é a luz do teu corpo. Se teu olho for simples, todo o teu corpo será luminoso; mas se for mau, também o teu corpo será tenebroso".

— Explique-nos isso, Lina, pediu dona Aninhas.

— Jesus quer que olhemos o lado bom das coisas e das pessoas, para que o mal não tome conta de nós. E para terminarmos nossa história de hoje, ouçam mais o que Jesus recomendou a seus discípulos:

— "Meus amigos, não tenham medo daqueles que podem matar o corpo e nada mais podem fazer. Tenham medo do mal que pode lançar suas almas na aflição, no desespero e no sofrimento. Os pardais pouco valem, tanto que se vendem cinco deles por alguns centavos; e mesmo assim eles não estão em esquecimento diante de Deus. Não tenham medo porque vocês valem muito mais do que os pardais. Não me neguem diante dos homens, para que vocês não sejam negados perante os anjos de Deus".

Oramos com dona Lina e fomos para casa com a certeza íntima que Deus, nosso Pai, conhece cada um de nós, seus filhos pequeninos.

## A PARÁBOLA DO RICO LOUCO

— E como vai a Dorinha? perguntou-nos dona Lina logo que chegamos.

— Melhorou bem, respondeu a Joaninha. Está em franca convalescença e sua mamãe muito alegre pela cura.

— Dona Lina, a senhora disse no outro dia que Jesus ia a caminho de Jerusalém. Ele já chegou lá? perguntou o João André.

— Sim, respondeu dona Lina. Depois do trecho que lhes contei de Marta e Maria, Jesus chegou a Jerusalém, onde nossa história continua. Entretanto, ele gostava de passar as noites nas aldeias e nas granjas que havia ao redor da cidade.

Uma vez um homem do povo procurou-o e pediu-lhe:

— "Mestre, dizei a meu irmão que reparta comigo a herança".

Ao que Jesus lhe respondeu:

— "Homem, quem me constituiu juiz e partidor entre vocês?"

E voltando-se para todos, recomendou-lhes:

— Guardem-se e acautelem-se de toda avareza, porque a vida de cada um não consiste na abundância dos bens que possui".

E narrou-lhes a seguinte parábola:

— "As terras de um rico fazendeiro tinham produzido grandes colheitas. Ele ficou muito contente e se pôs a pensar desse modo. "Que farei se não tenho onde recolher minhas colheitas? Ah! farei isto: mandarei derrubar os meus celeiros pequenos e construir outros maiores e neles depositarei minhas colheitas e meus bens. Quando tudo estiver pronto, direi à minha alma: Alma minha, tu tens muitos bens em depósito por largos anos; descansa, come, bebe, regala-te". Mas Deus disse a esse homem: "Louco, esta noite virão buscar a tua alma; e as coisas que ajuntaste, para quem serão?" Assim é o que entesoura para si e não ajunta para Deus".

— A mesma coisa aconteceu com o sr. Teodoro, nosso conhecido, não é Antônio? Aquele homem trabalhou como um mouro para fazer fortuna. E quando quis gozar um pouco do que tinha, morreu, disse dona Leonor.

— Por esse exemplo vemos que não era somente no tempo de Jesus que havia ricos loucos. Em nosso tempo também há muitos e muitos deles, que eu bem os conheço, disse dona Aninhas.

— Devemos então cruzar os braços? perguntou o Roberto.

— Não, respondeu dona Lina. Devemos trabalhar com calma e alegria, porque é pelo nosso trabalho honesto que Deus provê nossas necessidades. Mas não devemos ser avarentos. Quem sabe o que é um avarento?

Ninguém respondeu.

— Um avarento, explicou dona Lina, é uma pessoa excessivamente apegada ao dinheiro. O avarento deseja e ama imoderadamente as riquezas. E para possuir mais e sempre mais, o avarento não se importa em causar prejuízos e sofrimentos aos outros e mesmo semear a miséria.

Lembremo-nos de que se a fortuna vier a nossas mãos pela vontade de Deus, é porque temos de usá-la em benefício de nossos irmãos que não têm nada. Em lugar de gozá-la egoisticamente só para nós, é nossa obrigação promover com ela o bem-estar do maior número possível de pessoas.

Há ricos que usam de sua fortuna para enriquecer mais ainda, transformando-a em instrumento de opressão para os pobrezinhos. Por exemplo: um rico compra grande quantidade de arroz e guarda, fazendo com que falte arroz. Havendo falta, vocês sabem que o preço sobe. E ele então vende o seu arroz pelo preço que quer, ganhando desse modo uma outra fortuna, com a fome do povo. Isso é avareza, e vocês viram que Jesus nos recomenda que nos guardemos da avareza.

— O exemplo que você nos citou, Lina, é muito comum não só com o arroz, mas também com todos os gêneros de primeira necessidade de que o povo precisa, falou o sr. Antônio.

— Pois é, titio. São fortunas desviadas de suas verdadeiras finalidades. O contrário é que deveria acontecer: serem usadas para baratear tudo e para que houvesse abundância de tudo, facilitando assim a vida na Terra.

## SOLICITUDE PELA NOSSA VIDA

Precavendo-nos contra a avareza, Jesus nos ensina:

— "Portanto eu lhes digo: não andem solícitos pelas suas vidas, pensando com que se sustentarão; nem pelo corpo, com que se vestirão. A vida vale mais do que o sustento e o corpo mais do que o vestido.

Olhem para as aves do céu que não semeiam nem segam, nem têm celeiros nem despensas, e Deus, contudo, as sustenta. Diante de Deus vocês valem muito mais do que elas.

Olhem como crescem os lírios dos campos: eles não trabalham nem fiam e, contudo, eu lhes afirmo que nem o rei Salomão, em toda sua glória, se vestiu como um deles.

Será que se vocês quiserem, poderão acrescentar um centímetro que seja às suas estaturas? Portanto, se vocês não podem as coisas pequeninas, por que estão em cuidado sobre as outras?

Se Deus veste assim as flores dos campos, quanto mais a vocês, homens de pouca fé?

Não se inquietem, pois, com o que vocês terão para comer ou para beber; e não andem com o coração ansioso por estas coisas, porque Deus, que é Pai, bem sabe do que vocês precisam. Não se apeguem demasiadamente aos bens da Terra; ajudem os pobres; ajuntem no céu um tesouro que não se acaba e o tempo não gasta, e onde não chega o ladrão, e que a traça não rói. Tenham cuidado porque onde vocês puserem seu tesouro, aí vocês prenderão também o coração.

Dona Lina parou de falar. Estávamos presos aos seus lábios. Ela falava com tanto entusiasmo e com a voz firme mas tão meiga e suave, que por instante tivemos a impressão de estarmos longe, na longínqua Palestina, no tempo de Jesus.

— Compreenderam? perguntou-nos dona Lina, chamando-nos à realidade.

E como nenhum de nós respondesse, ela explicou:

— Com esta lição, Jesus nos ensina que confiemos na Providência Divina. Nós, por nós próprios, nada podemos se a mão de Deus não nos ajudar. E Deus que é um Pai muito bom, jamais deixa de ajudar seus filhos pequeninos, que somos todos nós.

Dona Lina terminou; convidou-nos para a prece da noite e depois mandou-nos para casa. Em caminho, banhado pelo luar cristalino, olhei para o céu, e uma doce serenidade se aninhou em meu coração: lá no alto, naquele céu azul, eu tinha um Pai que me amava e que jamais se cansaria de cuidar de mim.

### A MULHER CULPADA

— Rompia a manhã quando Jesus foi para o templo. E o povo veio ter com ele para ouvir-lhe os ensinamentos.

Então os escribas e os fariseus lhe trouxeram uma mulher culpada de mau comportamento e a puseram diante dele.

— Esses escribas e fariseus não dão descanso a Jesus! exclamou o Roberto.

— Não dão mesmo. Mas como vocês já devem ter notado, Jesus os aproveitava como material de ensino. E disseram-lhe:

— "Mestre, esta mulher foi apanhada agora mesmo comportando-se mal. Pela lei de Moisés ela deve ser apedrejada. Logo, o que dizes tu?"

— O que quer dizer ser apedrejada? perguntou a Cecília.

— Era um modo bárbaro de castigar os culpados; atiravam-lhe pedras até que morressem; eram mortos a pedradas.

— Que horror! Era assim que queriam matar a pobre mulher! bradou dona Aninhas.

— Assim mesmo, confirmou dona Lina. Os escribas e os fariseus tentavam Jesus porque se ele dissesse alguma coisa contrária à lei de Moisés, ele também poderia sofrer o castigo de ser apedrejado.

Porém Jesus nada respondeu; e abaixando-se pôs-se a escrever na areia com o dedo. Contudo, eles insistiam. Então Jesus se ergueu e disse-lhes:

— "Aquele de vocês que estiver sem pecado, atire a primeira pedra".

E, abaixando-se de novo, continuou a escrever na areia, sem lhes dar maior atenção.

Ao ouvirem tais palavras, pelas quais não esperavam, os acusadores foram largando as pedras que traziam nas mãos, e indo-se embora um por um, primeiro os mais velhos, depois os mais moços. E ali ficou tão-somente a mulher que tinha estado a tremer, a chorar, e a torcer as mãos de desespero. Agora, a pobrezinha já sossegada e confiante, um pouco ansiosa, olhava para Jesus.

Jesus se ergueu e lhe perguntou:

— "Mulher, onde estão os que te acusavam? Ninguém te condenou?"

— "Ninguém, Senhor", respondeu ela.

— "Nem eu tão pouco te condenarei; vai e não peques mais.

Que maravilhosa lição para todos nós! exclamou dona Leonor. Se ele que era puro não acusou nem condenou, muito menos não devemos acusar ou condenar alguém.

— O que será que Jesus escreveu na areia? perguntou a Joaninha.

— Só ele e o Pai celeste o sabem.

### A RESSURREIÇÃO DE LÁZARO

Vocês se lembram de Marta e Maria?

— Sim, senhora, respondemos.

— Pois elas tinham um irmão chamado Lázaro que estava doente. Como não achassem remédio que o curasse, lembraram-se de Jesus e mandaram chamá-lo. Ora, Jesus estimava muito aqueles três irmãos, mas no momento não pôde ir; chegou à casa deles quatro dias depois. Ao vê-lo, Marta correu para ele e disse-lhe:

— Senhor, se tu estivesses aqui, meu irmão não teria morrido. Mas sei que tudo o que pedires a Deus, ele o fará por teu intermédio".

— "Teu irmão não está morto, mas dorme. Onde o puseram?"

Levaram pois Jesus ao sepulcro no qual tinham colocado Lázaro. O sepulcro era uma gruta fechada por uma tampa de pedra. Jesus mandou que tirassem a pedra. Marta ficou receosa e disse:

— "Senhor, ele já está cheirando mal, porque está aí há quatro dias".

— "Crê somente e verás a glória de Deus", respondeu-lhe Jesus.

Tiraram pois a tampa.

E Jesus levantando os olhos para o céu, disse:

— "Pai, eu te agradeço porque me tens ouvido. Eu bem sei que sempre me ouves; mas falei assim para atender a este povo que está em roda de mim; para que eles creiam que tu me enviaste".

Tendo dito estas palavras, bradou:

— "Lázaro, sai para fora".

E no mesmo instante saiu o que estava morto, ligados os pés e as mãos com ataduras e o rosto envolto num lenço. Disse Jesus aos que estavam perto dele:

— "Desatai-o e deixai-o ir".

E Lázaro, dando o braço a suas irmãs, foi para casa seguido de grande povo, dando graças a Deus.

### ADVERTÊNCIAS DE JESUS

No tempo de Jesus, quando os senhores saíam à noite, deixavam em seus palácios alguns servos encarregados das tochas. Ao voltarem, mesmo a altas horas da noite, queriam encontrar estes servos vigilantes e com as tochas acesas para alumiá-los. Caso os servos estivessem dormindo ou descuidados, eram castigados.

Jesus quer que sejamos como os servos vigilantes: sempre prontos a pôr em prática suas lições, sempre prontos a cumprir a vontade de Deus, nosso Pai e Senhor.

— E como é que podemos saber qual é a vontade de Deus, dona Lina? perguntei.

— A vontade de Deus é que façamos o bem; que vivamos fraternalmente com todos; que não sejamos orgulhosos; que trabalhemos, estudemos, e que ajudemos nossos irmãos menos favorecidos. Assim fazendo, seremos como os servos vigilantes e evitaremos o castigo dos dorminhocos e descuidados.

Outra coisa que Jesus disse é que ele não vinha trazer paz à Terra.

— Como assim, Lina? perguntou o sr. Antônio.

— Ele tinha razão em dizer isso, titio. O senhor não sabe que suas lições foram muito discutidas, mal compreendidas e mal aplicadas? Numa mesma casa, numa mesma família, uns aceitam seus ensinamentos e os cumprem, e outros não?

— É verdade, respondeu o sr. Antônio.

— Todavia Jesus é o Príncipe da Paz; e sua paz, a paz do Senhor, reinará na face da Terra, no coração da humanidade, quando todos aceitarem e praticarem seus ensinamentos. Então não haverá mais guerras, nem crimes, nem roubos, nem desonestidade, nem vícios, nem ignorância, nem miséria, nem pobreza.

— Que beleza! Que paraíso será então a Terra! exclamou dona Aninhas. Mas vai demorar; a humanidade é muito grande.

— Que cada um cuide de melhorar a si próprio; que cada um procure viver conforme Jesus ensina e assim, de um em um, a humanidade melhorará.

— No meu modo de ver, Lina, todos se julgam perfeitos e cada um quer corrigir o outro, esquecido de si mesmo. Daí é que nasce essa confusão, falou dona Leonor.

— A senhora acertou, titia. Por isso é que Jesus disse que se nós, ao olharmos o céu, sabemos se vai chover ou não, se vai fazer calor ou não, devíamos também reconhecer que os tempos presentes é que são os tempos de vivermos de acordo com o Evangelho; porque nós já sabemos distinguir o que é justo.

— "Ora, disse Jesus, quando fores com teu inimigo aos tribunais, faze o possível por te livrares dele no caminho, para que não suceda que te leve ao juiz, e o juiz te entregue ao meirinho, e o meirinho te ponha na cadeia. Digo-te que não sairás dali, enquanto não pagares até o último centavo.

— Não compreendi, dona Lina, disse o Roberto.

— Explico. Quem vai aos tribunais é porque tem alguma questão com alguém. E pode suceder que por causa dessa questão seja condenado. Então Jesus recomenda que a questão seja acertada entre os dois, por bons modos, antes de irem aos tribunais, onde poderá suceder o pior. Assim devemos perdoar-nos uns aos outros todas as questões que surgirem entre nós, para que o tribunal divino não nos castigue com o sofrimento. Compreenderam?

— Sim, senhora, respondemos.

— Paremos aqui por hoje. Façamos nossa oração ao Pai, e em sua paz despeçamo-nos, concluiu dona Lina.

### CURA DE UMA MULHER PARALÍTICA

— Era um sábado e Jesus ensinava na sinagoga deles, continuou dona Lina na noite seguinte, depois de ver cada um em seu lugar. E eis que veio ali uma mulher que estava possessa de um Espírito que a trazia doente havia dezoito anos; o Espírito a fazia andar encurvada, e ela não podia absolutamente olhar para cima.

Ao vê-la Jesus chamou-a a si e disse-lhe:

— "Mulher, estás livre de teu mal".

Colocou as mãos sobre ela, e no mesmo instante ficou direita e deu graças a Deus.

Mas o príncipe da sinagoga ficou indignado ao ver que Jesus fazia curas no sábado. Para ele uma cura equivalia a um trabalho e a lei de Moisés proibia trabalhar no sábado, como vocês já sabem. Voltou-se pois para o povo e disse:

— "Seis dias estão destinados para trabalhar; venham pois nestes para serem curados e não no dia de sábado".

Jesus olhou bem para ele e respondeu-lhe assim:

— "Hipócritas, cada um de vocês não tira da estrebaria o seu boi ou o seu jumento para dar-lhes de beber? Por que razão logo não se devia curar esta filha de Deus, que sofria há dezoito anos?"

Ouvindo estas palavras os inimigos de Jesus se envergonharam; mas o povo se alegrava das ações que ele praticava com tanta glória.

## A PORTA ESTREITA

E Jesus visitava as aldeias e as cidades que havia ao redor de Jerusalém ensinando ao povo o Evangelho. De caminho, um discípulo lhe perguntou:

— "Senhor, é verdade que são poucos os que se salvam?"

— "Os que se salvam são os que entram pela porta estreita; porque larga é a porta e espaçoso o caminho que guia para a perdição e muitos são os que entram por ela. Que estreita é a porta e que apertado é o caminho que guia para a vida e quão poucos são os que acertam com ele!"

— Não compreendemos, dona Lina, dissemos quase todos ao mesmo tempo.

— É fácil. Os que entram pela porta estreita são as pessoas que cumprem rigorosamente os seus deveres; que procuram ser boas para com todos; que combatem seus vícios e seus defeitos. Tais pessoas se salvam, isto é, ficam livres de sofrimentos e conquistam bons lugares no mundo espiritual para onde irão ao partirem da Terra. Compreenderam?

— Sim, senhora.

## JESUS É AVISADO DO ÓDIO DE HERODES

— No mesmo dia chegaram alguns dos fariseus a Jesus, dizendo-lhe:

— "Sai e vai-te daqui, porque Herodes te quer matar".

— Eu bem desconfiava que esse, como o pai dele, não ficaria quieto! exclamou a Joaninha.

— Porém Jesus não se amedrontou e replicou:

— "Ide e dizei a esse raposo que eu faço curas perfeitas e lanço fora os demônios hoje e amanhã, e que no terceiro dia vou a ser consumado. Entretanto bem sei que devo morrer em Jerusalém".

— Como assim, Lina? perguntou dona Leonor.

— Jesus previa que o prenderiam, dia mais dia menos, e o condenariam à morte, porque poucos eram os que apreciavam a verdade que ele pregava. E de fato assim aconteceu, como lhes contarei mais tarde.

Jesus comparou-se ao bom pastor que dá a vida por suas ovelhas. Contudo, desta vez ainda nada conseguiram, porque Jesus prudentemente se retirou de Jerusalém e voltou para a Galiléia.

— E fez ele muito bem! exclamou a Joaninha.

E com isso terminou a história daquela noite. Elevamos ao Senhor nossas preces de costume e retiramo-nos contentes.

## A CURA DE UM HIDRÓPICO

Sentados cada um de nós em seu lugar, ficamos atentos às palavras de dona Lina, que começou assim:

— E aconteceu que entrando Jesus num sábado em casa de um dos principais fariseus a tomar sua refeição, ainda eles o estavam ali observando.

— Já sei, disse Joaninha. Queriam ver se ele desrespeitava o sábado, curando alguém.

— Isso mesmo. Apresentou-se diante dele um pobre homem que era hidrópico. Jesus olhou bem para os fariseus e doutores da lei que estavam com ele à mesa, e lhes fez esta pergunta:

— "É permitido fazer curas nos dias de sábado?"
— E ninguém respondeu; acertei, dona Lina? perguntou a Joaninha.
— De fato, ficaram todos calados. Então Jesus curou o homem e mandou-o embora. Mas aproveitou a ocasião para perguntar-lhes:

— "Quem há dentre vocês que se o seu jumento ou o seu boi cair num poço num dia de sábado, não o tire logo no mesmo dia?"

Também a essa pergunta ninguém respondeu.

## PARÁBOLA DOS PRIMEIROS ASSENTOS E DOS CONVIDADOS

Eis aqui alguns conselhos práticos que Jesus nos dá nas seguintes parábolas:

Observando Jesus que os convidados escolhiam os primeiros lugares nas mesas, disse-lhes:

— "Quando fores convidado a um banquete, não te assentes no primeiro lugar, porque pode ser que esteja ali outra pessoa, mais autorizada do que tu, convidada pelo dono da casa. E tu, envergonhado, terás de ceder-lhe o lugar, indo para o último. Mas quando fores convidado, vai tomar o último lugar para que, quando vier o que te convidou, te diga.

— "Amigo, senta-te mais para cima".

E isto te servirá de glória na presença dos que estiverem juntamente sentados na mesa. Porque todo o que se exalta será humilhado, e todo o que se humilha será exaltado".

— Lina, não compreendi bem essa parábola, disse o sr. Antônio.

— Nem eu, secundou-o dona Aninhas.

— Vou explicá-la. Nesta parábola, Jesus nos recomenda a modéstia. Nunca perderemos por ser modestos. Não queiramos ser mais do que os outros porque, muitas vezes, apesar de todo nosso saber, de todos nossos haveres, de toda nossa virtude, há outros, muitos outros que estão acima de nós. E sendo modestos, evitaremos desapontamentos e mesmo humilhações.

— Agora compreendi. Realmente, por mais alto que um homem esteja colocado, sempre há alguém acima dele. Ninguém perde por ser modesto, falou o sr. Antônio.

— A modéstia, queridos, recomendou-nos dona Lina, é uma grande virtude que vocês devem cultivar a vida inteira. Porém ouçam o que mais disse Jesus:

— "Quando deres algum jantar ou alguma ceia, não chames nem teus amigos, nem teus irmãos, nem teus parentes que forem ricos, para que não suceda que te convidem por sua vez e te paguem com isso. Mas quando deres algum banquete, convida os pobres, os aleijados, os coxos, os cegos; e serás bem-aventurado porque esses não têm com que te retribuir; porém isso te será retribuído na ressurreição dos justos".

— Acho esquisito esse ensinamento, Lina, observou o sr. Antônio.

— Ele nada tem de esquisito, titio, respondeu dona Lina. Por essas palavras, Jesus nos ensina que todo o bem que fizermos aos pobrezinhos, ou a quaisquer pessoas, nos será pago e muito bem pago no mundo espiritual, onde ressurgiremos depois da morte de nosso corpo. Não é um ensinamento simples e bonito?

— É verdade, respondeu o sr. Antônio.

### PARÁBOLA DA GRANDE CEIA

— Ouvindo as palavras de Jesus, um dos homens que estavam com ele à mesa, exclamou:

— "Feliz daquele que comer o pão no reino de Deus".

E Jesus, dirigindo-se a ele, contou-lhe a parábola da grande ceia, que é assim:

— "Um homem fez uma grande ceia, para a qual convidou a muitos. E quando foi a hora da ceia, enviou um de seus servos a dizer aos convidados que viessem, porque tudo já estava pronto. Porém todos começaram a escusar-se. Um disse: "Comprei um sítio e preciso ir vê-lo; rogo-te que me dês por escusado". Outro disse: "Comprei cinco juntas de boi e vou experimentá-los; rogo-te que me dês por escusado". Este escusou-se dizendo: "Eu me casei e por isso não posso ir lá". O servo voltou e contou tudo ao seu senhor. Então o pai da família disse ao servo:

— "Sai logo às praças e às ruas da cidade e traze-me cá quantos pobres, aleijados, coxos e cegos achares".

— Por que, dona Lina? perguntou a Joaninha.

Estávamos todos curiosos por saber, mas dona Lina disse:

— Logo explicarei. O servo fez como lhe foi ordenado e comunicou a seu senhor que ainda havia sobrado lugares. O senhor mandou:

— "Sai por esses caminhos e redondezas e arranja mais gente para que fique cheia a minha casa. Porque aqueles que foram convidados primeiro, nenhum deles provará a minha ceia".

Dona Lina nos explicou essa parábola do seguinte modo:

— O senhor é Deus. A grande ceia é o reino dos céus. O servo enviado para fazer o convite é Jesus. Ele veio e convidou a todos para a ceia divina, isto é, para o reino dos céus, por meio da prática do Evangelho. Como são poucos os que ouvem e praticam o Evangelho, então vem o sofrimento que abre os olhos dos homens para o reino divino e assim ele fica abarrotado. Compreenderam?

— Sim, senhora, respondemos.

Dona Lina convidou-nos para a prece e depois nos mandou para casa.

### PARÁBOLA ACERCA DA PROVIDÊNCIA

Não sei se vocês sabem hoje o que é um lampião belga. No meu tempo de menino, eram comuns no interior. Chamavam belga a um lampião grande, de querosene, geralmente suspenso na sala de jantar. Davam muito boa luz. Era ao pé dele que se conversava, costurava-se, trabalhava-se, lia-se à noite nas cidadezinhas ainda não providas de eletricidade. E como vocês devem ter percebido, havia um deles em casa de dona Leonor a cuja luz ouvíamos dona Lina.

Pois bem, ao chegarmos a sala estava às escuras. O sr. Antônio quebrara o vidro do lampião ao acendê-lo; e agora tinha ido comprar outro no armazém do largo; devíamos esperar. Não demorou muito e voltou com um vidro novo, a manga como se chamava. Logo que o lampião brilhou no alto do teto, dona Lina contou-nos o seguinte:

— Andando pelas campinas, duma aldeia para outra a pregar o Evangelho, Jesus era seguido por muita gente. De uma feita, ele se voltou para os que o seguiam e lhes disse:

— "Se alguém vem a mim e não aborrece a seu pai e mãe, a sua mulher e filhos, a seus irmãos e irmãs, e ainda a sua própria vida, não pode ser meu discípulo".

— O que é isso, dona Lina! exclamamos. E o sr. Antônio ajuntou:

— Então para eu seguir a Jesus tenho de abandonar a Leonor e essa meninada aos pais? Você acha que isso está certo?

Dona Lina riu gostosamente e explicou:

— Titio, os ensinos de Jesus foram muito mal compreendidos e continuam a sê-lo. Para seguir a Jesus, não precisamos nem devemos abandonar ou aborrecer nossos familiares, nem quem quer que seja. Pelo contrário, devemos amá-los ainda mais, para que sejamos dignos de Jesus, o qual fez do amor a sua lei suprema. O que Jesus quis dizer é que se alguém estiver interessado em ser seu discípulo, isto é, em praticar o Evangelho para conquistar um bom lugar na pátria espiritual, não deve deixar que as idéias contrárias de seus familiares o perturbem. Se seus entes queridos não quiserem segui-lo, o discípulo de Jesus seguirá à parte o seu caminho espiritual, sem deixar de tratar carinhosamente de toda sua família, pois ele é responsável por ela perante Deus.

— Ah, bom! Agora sim e estou de acordo com Jesus. Mas é difícil a alguém dedicar-se à Espiritualidade no meio de uma família que não o pode compreender.

— Realmente, titio, tal tarefa exige muita paciência, muita renúncia e muito bom exemplo. Pelos exemplos de bem viver é que podemos conquistar para Jesus os que nos cercam, os que convivem conosco. E Jesus ainda continua dizendo que qualquer um de nós, que não der de mão a tudo o que possui, não pode ser seu discípulo.

Aqui dona Aninhas se retraiu um pouco na cadeira, pois ela era mais ou menos rica. Dona Lina percebeu e delicadamente explicou:

— Esse é um outro ensinamento mal compreendido pelos homens. Jesus não quer uma humanidade de pobretões, ou que os que têm atirem fora o que possuem. Não é isso. Ele nos ensina que em quaisquer circunstâncias em que a vida nos colocar, devemos saber sacrificar nossos interesses materiais em benefício de nossos interesses espirituais. Tratar primeiro dos interesses de nosso espírito que é imortal; os interesses da matéria devem sempre ficar em segundo lugar. Compreenderam?

— Sim, senhora! respondemos e notei que dona Aninhas respirava como que mais aliviada, e sorria como se em seu cérebro bailasse uma idéia agradável.

— Jesus compara seus discípulos ao sal. O bom sal salga e preserva da podridão. Assim o bom discípulo vive uma vida pura, dando sempre o bom exemplo para que todos se livrem do mal.

### PARÁBOLA DA OVELHA E DA DRACMA PERDIDAS

Como vocês terão percebido, das coisas simples Jesus tirava grandes lições. Acontecia que publicanos e gente de má vida se aproximavam dele para ouvi-lo e ele os acolhia a todos, de boa vontade. Mas os fariseus e os escribas murmuravam dizendo:

— "Este recebe os pecadores e come com eles".

Jesus então lhes contou a seguinte parábola:

— "Um pastor nos prados pastoreava o seu rebanho de cem ovelhas. Súbito notou que tinha perdido uma. O que fez? Deixou as noventa e nove em lugar seguro e foi procurar a que se havia perdido. E quando a achou, carregou-a nos ombros, cheio de alegria. Vocês não teriam feito o mesmo? Portanto, eu lhes afirmo que no céu há mais alegria por um pecador que entra no bom caminho, do que por noventa e nove justos que não precisam de salvação".

E dona Lina nos explicou que Jesus é esse pastor que desceu dos prados celestes, isto é, do seu mundo luminoso, para vir até a Terra procurar suas ovelhas perdidas que somos todos nós.

— Eis uma outra parábola de Jesus:

— "Uma mulher tinha dez dracmas".

— O que é dracma, dona Lina? perguntou a Cecília.

— Dracma era uma moeda grega que corria no Oriente, no tempo de Jesus.

— "Se essa mulher perder uma de suas dracmas, não a procurará pela casa toda até encontrá-la? E quando a encontrar, não ficará muito alegre? Assim eu lhes digo que haverá muito júbilo nos céus por um pecador que fizer penitência".

— O que é fazer penitência, dona Lina? perguntou o João André.

— Pecador é toda a pessoa que pratica o mal...

— Então o Juquinha é pecador, dona Lina! atalhou a Joaninha.

Juquinha olhou feio para ela, e dona Lina, afetando preocupação, perguntou-lhe:

— E por que o Juquinha é pecador, Joaninha?

— Porque outro dia eu passei em frente da casa dele, e ele estava sentado na sarjeta judiando duma minhoca. Ele arranjou umas formigas e atiçou-as contra a coitada que se contorcia de dor.

— Mas uma minhoca não vale nada! exclamou o Juquinha, tentando defender-se.

— Como não? disse dona Lina. É uma criatura de Deus como outra qualquer e além do mais, inofensiva. Fazer penitência é arrepender-se do mal que se fez e passar a praticar somente o bem. Aqui estamos na presença de dois pecadores.

Arregalamos os olhos. Quais seriam os dois pecadores?

E dona Lina, severa:

— Um deles é o Juquinha: não devia ter maltratado a minhoca. O outro é Joaninha: mostrou ser linguaruda. É um péssimo defeito esse de andar contando o que vemos os outros fazerem. Vou passar uma penitência a cada um.

Você, Juquinha, cada vez que encontrar em seu caminho uma minhoca, vai pô-la a salvo na terra fofa, para que ela cuide de sua vidinha.

E você, Joaninha, sempre que tiver vontade de contar novidades dos outros, vai morder a ponta da língua e ficar bem caladinha.

Ambos prometeram obedecer, porém o Juquinha se regalou todo com a repreensão que a Joaninha levou e mais ainda por ela ter ficado meio desapontada.

Em seguida à prece pelos doentes, retiramo-nos em boa paz.

### PARÁBOLA DO FILHO PRÓDIGO

No dia seguinte, ouvimos de dona Lina a parábola do filho pródigo, que Jesus contou:

— "Um homem teve dois filhos; e disse o mais moço deles a seu pai: "Pai, dá-me a parte da herança que me toca". E o pai repartiu a herança entre ambos. Passados não muitos dias, apanhando tudo o que era seu, partiu o filho mais moço para uma terra distante, onde esbanjou toda sua herança em vícios e divertimentos.

Depois de ter consumido tudo, aconteceu haver naquele país uma grande fome; ele começou a necessitar. Pediu então emprego a um cidadão da tal terra, o qual o mandou para o seu sítio a tratar dos porcos. Aqui ele desejava fartar-se com a comida que os porcos comiam, mas ninguém lha dava.

Até que enfim caiu em si e disse: "Quantos empregados há em casa de meu pai e eu aqui morrendo de fome. Irei procurar meu pai e lhe direi: "Pai, pequei contra o céu e diante de ti; já não sou digno de ser chamado teu filho; trata-me como um de teus empregados".

E imediatamente partiu para a casa de seu pai. Ainda estava longe, quando seu pai o avistou. Notando o miserável estado em que vinha, compreendeu o que se passou com o filho e ficou com muita dó dele. Foi encontrá-lo, abraçou-o e beijou-o.

"Pai, disse-lhe o filho, pequei contra o céu e diante de ti; já não sou digno de ser chamado teu filho; trata-me como um de teus empregados".

Então o pai disse a seus servos:

"Tirem-lhe depressa esta roupa, vistam-no, calcem-no e ponham-lhe um anel no dedo. Tragam também um vitelo bem gordo e matem-no para o comermos e para nos regalarmos; porque este meu filho era morto e reviveu; tinha-se perdido e achou-se".

E começaram a banquetear-se.

— Que pai bom! exclamou a Joaninha. O meu também é muito bonzinho. Eu gosto tanto dele!

— Este pai a que Jesus se refere, representa Deus, pai de todos nós, o qual está sempre disposto a receber os pecadores em seus braços, uma vez que se arrependam e queiram voltar a ele.

Mas o filho mais velho estava no campo; e quando veio para casa, ao aproximar-se percebeu a festa, chamou um dos servos e perguntou-lhe o que era aquilo. O servo respondeu-lhe: "É chegado teu irmão e teu pai mandou matar um novilho cevado, porque chegou com saúde".

Ele então se indignou e não queria entrar. Mas saindo o pai, começou a rogá-lo que entrasse. Porém ele deu esta resposta a seu pai: "Há tantos anos que te sirvo, sem nunca transgredir mandamento algum teu e tu nunca me deste um cabrito para eu me regalar com meus amigos. Mas tanto que veio este teu filho, que gastou tudo quanto tinha com vícios e divertimentos, logo lhe mandaste matar um novilho gordo!"

Então lhe disse o pai:

— "Tu sempre estás comigo e tudo o que é meu é teu. Era porém necessário que houvesse banquete e festim, pois que este teu irmão era morto e reviveu; tinha-se perdido e achou-se".

Lembrem-se sempre desta parábola: é a parábola do filho pródigo. Por ela Jesus nos ensina que Deus está sempre de braços abertos para receber seus filhos, que se perderam nas estradas escuras do mal.

Vamos agora à nossa prece e amanhã continuaremos.

### PARÁBOLA DO MORDOMO INFIEL

Eis o que dona Lina nos contou na noite seguinte:

E dizia também Jesus a seus discípulos:

— "Havia um homem rico que tinha um administrador, que foi acusado de gastar os bens de seu patrão.

O patrão chamou-o e disse-lhe:

— Ouvi dizer que tens gastado os meus bens. Quero que prestes contas de tua administração, pois já não podes ser meu administrador".

O administrador disse lá entre si:

— "O que farei, visto que vou perder o emprego? Cavar não posso, de mendigar tenho vergonha. Mas já sei o que hei de fazer para que ache quem me ajude quando eu estiver desempregado".

E assim pensando, chamou cada um dos devedores de seu patrão e disse ao primeiro:

— "Quanto deves ao meu patrão?"

— "Cem medidas de azeite", respondeu-lhe o devedor.

— "Vou marcar nos livros apenas cinqüenta. E você?"

— "Cem sacos de trigo".

— "Perdoo-lhe vinte, marcando nos livros apenas oitenta".

E assim fez com outros. Quando o patrão soube de tudo aquilo, louvou aquele administrador.

— Pensei que fosse mandá-lo para a cadeia, falou o sr. Antônio. Explique-nos essa parábola, Lina, que não a compreendi bem.

— O patrão é Deus e os administradores de sua riqueza são os homens. Como raramente os homens empregam bem as riquezas que Deus lhes confia, tornam-se maus administradores. Com a morte, Deus lhes tira a administração. Alguns, mais avisados, fazem com as riquezas de Deus um pouco de benefícios e desse modo não ficam desamparados no mundo espiritual. Agora o senhor compreendeu, titio?

— Sim, sua explicação foi muito clara.

— Por isso é que Jesus nos aconselha que com as riquezas injustas da Terra, arranjemos amigos para a eternidade. Porque não podemos servir a Deus e às riquezas ao mesmo tempo.

— Por que a riqueza é injusta, Lina? perguntou dona Leonor.

— Porque o homem a transforma num instrumento de seus caprichos e de opressão aos pobrezinhos. Quando a Terra for um mundo bem organizado, não haverá ricos nem pobres, mas haverá de tudo para todos. É para organizar a Terra em bases verdadeiramente cristãs que devemos trabalhar.

## A AUTORIDADE DA LEI

Ora, os judeus que eram avarentos, ouviam todas estas coisas e zombavam de Jesus. Mas Jesus disse:

— "Vocês pensam que são justos, porém saibam que muita coisa que é justa diante dos homens, não é diante de Deus. É mais fácil passar o céu e a Terra do que perder-se um til da lei de Deus".

E contou-lhes a seguinte parábola:

## A PARÁBOLA DO RICO E DE LÁZARO

— "Havia um homem rico que se vestia de panos finíssimos e que todos os dias se banqueteava esplendidamente.

Havia também um pobre mendigo, por nome de Lázaro, todo coberto de chagas, que estava deitado à sua porta.

Lázaro desejava matar a fome com as migalhas que caíam da mesa do rico, mas ninguém lhas dava; e os cães vinham lamber-lhe as feridas.

Ora, sucedeu morrer este mendigo e foi levado pelos anjos ao seio de Abrão. E morreu também o rico e foi sepultado no inferno.

E quando ele estava sofrendo, levantou os olhos e viu ao longe Abrão e a Lázaro no seu seio.

— "Pai Abrão, implorou ele, compadece-te de mim e manda aqui Lázaro, para que molhe em água a ponta de seu dedo, a fim de me refrescar a língua, pois sou atormentado de sede".

— "Filho, respondeu-lhe Abrão, lembra-te que recebeste os teus bens em tua vida e que Lázaro não teve senão males; por isso está ele agora consolado e tu sofres. Além do que estamos separados por um abismo".

E disse o rico:

— "Pois eu te rogo que o mandes à casa de meu pai; eu tenho cinco irmãos, e Lázaro que os avise para que não venham parar neste lugar".

— "Eles não acreditarão, meu filho. Se eles não dão ouvidos a Moisés e aos profetas, tampouco se convencerão, mesmo que lhes apareça um dos mortos".

Tendo dona Lina terminado a parábola, começaram a chover sobre ela as perguntas. Quem perguntou primeiro foi o Roberto: queria saber quem era Abrão.

— Abrão é considerado o pai do povo hebreu e seu primeiro patriarca. Viveu mais ou menos há dois mil anos antes de Jesus. Mas sua história é muito comprida e não vou contá-la agora.

— Existe o inferno, dona Lina? perguntei.
— Não. O inferno não existe. O que existe são lugares de sofrimento, para onde iremos se praticarmos o mal.
— O espírito culpado fica lá para sempre, Lina? perguntou dona Leonor.
— Não, titia. Logo que ele resolva regenerar-se pela prática do bem e correção de seus erros, sai de lá e começa vida nova. Não há castigos eternos.
— O rico foi para lá só porque era rico? perguntou o Juquinha.
— Não, meu bem. Ele foi para os lugares de sofrimento porque não soube usar sua fortuna para fazer o bem. Vocês viram que ele passou a vida a banquetear-se, isto é, a gozá-la egoisticamente, esquecido de proporcionar facilidades de vida aos menos favorecidos. Quem não sabe colocar suas riquezas para que o maior número de pessoas se beneficie delas, forçosamente sofrerá as conseqüências de sua imprevidência.
— O que é seio de Abrão? perguntou a Cecília.
— Seio de Abrão, aqui nesta parábola, significa os lugares felizes do reino de Deus. Lázaro foi para lá porque soube ser humilde e resignado na sua desventura.
— Ouvi dizer, Lina, falou o sr. Antônio, que Jesus disse que é mais fácil um camelo passar pelo fundo de uma agulha, do que um rico entrar no reino dos céus, é verdade?
— Sim, Jesus disse isso. Mas também afirmou que para Deus nada é impossível e que o Pai não quer que se perca nenhum de seus filhos. Por conseguinte, Deus sabe quais as medidas a tomar para que também os ricos imprevidentes entrem em seu reino. Deus não desampara ninguém e não se esquece de nenhum de seus filhos pequeninos, que somos todos nós, ricos e pobres.

E para finalizar a história daquela noite, dona Lina ainda nos contou que Jesus recomendou a seus discípulos que não se transformassem em instrumento de escândalo, isto é, em instrumentos do mal, porque sofreriam se assim procedessem. Ensinou-nos também que é nosso dever perdoarmos setenta vezes sete vezes todas as ofensas que nos fizerem, porque a lei de Deus é perdão e amor.

O que mais nos impressionou, porém, naquela noite, foi ela nos dizer que Jesus afirmou que se tivéssemos fé, mesmo pequenina como um grão de mostarda, seríamos capazes de remover montanhas. Por fim, depois de termos cumprido com todo o Evangelho, não nos devíamos orgulhar disso, mas dizer humildemente: — "Somos servos inúteis; mal fizemos o que devíamos fazer".

Confesso que fui para casa um tanto pensativo. De fato, pensava eu: eu não passava de um filho inútil. Deus me tinha dado tanto: o ar, a água, a alimentação, bons pais, flores e frutas, saúde e alegria, e quantas coisas mais! E eu, o que eu tinha feito até então para retribuir-lhe as atenções e os carinhos? E lembro-me que, ao entregar-me ao leito acolhedor, depois de afundar a cabeça no travesseiro, meu último pensamento foi esse: "Pai, embora seja eu um teu filho e servo inútil, ajuda-me a bem cumprir o meu dever".

## CURA DE DEZ LEPROSOS

De manhãzinha, ao despertar, os pensamentos da véspera voltaram-me ao cérebro e adquiriram uma forma positiva: eu não estava sendo grato a Deus.

Mamãe, chamando-me para o café, me fez pular da cama: e como ela estava muito atarefada com a limpeza da casa, passei o dia a ajudá-la. À noitinha, com a permissão de meus pais, fui para a casa de dona Leonor. E antes de dona Lina começar a história, expus-lhe sinceramente minhas dúvidas.

— É certo, disse-me ela, que pouquíssimas pessoas sabem ser gratas. A humanidade se habituou tanto a receber o auxílio divino, que já não se lembra da fonte suprema de tudo, que é Deus. O que você fez durante o dia?

— Ajudei minha mãe nas lidas da casa, respondi.

— Pela ajuda que você prestou a ela, você demonstrou-lhe gratidão. Assim, sempre que contribuímos com uma parcela, pequenina embora, de nossos esforços para que o sofrimento diminua na face da Terra, por esse simples esforço, estamos demonstrando nossa gratidão a Deus. Além disso, podemos elevar a ele nossas preces e agradecer-lhe por tudo quanto nos dá.

Ora, continuou dona Lina, Jesus também notou que havia pouca gratidão no coração dos homens, quando curou os dez leprosos.

Sucedeu que indo Jesus para Jerusalém, passava pelo meio da Samaria e da Galiléia. Ao entrar numa aldeia, saíram-lhe ao encontro dez leprosos, que ficaram de longe e gritando:

— "Tende compaixão de nós, Mestre".

Jesus, logo que os viu, disse-lhes:

— "Vão ao templo e mostrem-se aos sacerdotes".

E resultou que, quando iam no caminho, ficaram limpos da lepra e curados. Um deles, ao perceber que estava curado, voltou e atirou-se aos pés de Jesus, agradecendo a Deus em altas vozes.

— "Não é assim que todos ficaram curados? Onde estão os outros nove? Só este é que soube glorificar a Deus? Levanta-te e vai que a tua fé te salvou", disse Jesus.

Como vocês vêem, em dez pessoas, apenas uma soube ser grata.

Ainda hoje é bem pequena a porcentagem de gratidão que há no coração dos homens.

— Jesus vai indo para Jerusalém, dona Lina? perguntou a Cecília.

— Sim e pela última vez, como vocês verão.

### A VINDA SÚBITA DO REINO DE DEUS

Uma ocasião os fariseus fizeram esta pergunta a Jesus:

— "Quando virá o reino de Deus?"

E Jesus lhes respondeu:

— "O reino de Deus não virá de parte alguma, porque o reino de Deus está dentro de cada um de vocês".

— Como assim, Lina? perguntou dona Aninhas.

— O reino de Deus é o reino da bondade, por isso quando todos os homens tiverem no peito um coração bom, não só terão dentro de si o reino de Deus, como também a Terra toda se terá transformado em reino de Deus pela bondade de seus habitantes, compreenderam?

— Sim, senhora, respondemos.

— Cuidem bem de seus coraçõezinhos; que eles sejam bons, generosos, fraternos e amorosos para com tudo e para com todos e vocês serão os pilares do reino de Deus aqui na Terra. E agora vamos orar e depois cada um para sua casa.

## A PARÁBOLA DO JUIZ INJUSTO

Dona Lina estava acabando de arrumar a cozinha do jantar e dona Leonor arrematando uma costura na máquina, quando começamos a chegar.

— Vocês vieram cedo hoje! exclamou dona Leonor. O que aconteceu?

— Não aconteceu nada, titia. Nós é que estamos atrasadas. Sentem-se e esperem.

O sr. Antônio perguntou então à dona Aninhas o que ela estava fazendo na chácara perto do ribeirão. Ele passara por lá e vira um movimento de pedreiros.

Dona Aninhas respondeu que a chácara passava por uma pequena reforma, depois de ter permanecido abandonada por muito tempo. E quando reformada, ela queria que dona Lina fosse inaugurá-la.

Dona Lina que ouvira a conversa da cozinha, respondeu:

— Se até lá eu estiver aqui, dona Aninhas. As férias chegam ao fim e logo voltarei para o colégio.

— Haverá tempo, haverá tempo, disse dona Aninhas. São simples obras de adaptação e antes de partir você inaugurará a nova chácara junto com essa meninada e seus pais.

Nós que escutáramos a resposta de dona Lina ficamos tristes; lembramo-nos de que pelo fim das férias ela iria embora e com ela as histórias tão bonitas.

Ao tomar o seu lugar, dona Lina gritou assustada:

— Mas o que é que você tem que está chorando, Joaninha?

De fato, Joaninha chorava. Dona Lina tomou-a nos braços e enxugou-lhe as lágrimas que corriam.

— Vamos, o que houve, meu bem?

— A senhora disse que vai embora! respondeu Joaninha soluçando.

— Bobinha! exclamou dona Lina compreendendo. Volto para os estudos, como vocês também voltarão, para a escola. Temos de nos preparar para a vida. Deixarei no coração de vocês, como lembrança minha, a história de Jesus que lhes estou contando. Não se entristeçam; a vida é assim mesmo; cada um de nós tem que seguir o seu caminho; mas lembrem-se de semear esse caminho de boas ações, de estudos, de trabalhos honestos, para que no fim dele encontrem a felicidade. Haveremos de ir à chácara de dona Aninhas, não é verdade?

Joaninha deixou de chorar e fez sim com a cabeça. Dona Lina prosseguiu:

— Para mostrar que importa orar sempre e não cessar de fazê-lo, propôs-lhes Jesus também esta parábola, dizendo:

— "Havia em certa cidade um juiz, que não temia a Deus, nem respeitava os homens.

Havia uma viúva que costumava vir procurá-lo, pedindo-lhe que defendesse seus direitos contra quem queria prejudicá-la.

Por muito tempo o juiz não quis atender à pobre viúva, mas ela não cessava de insistir. Até que por fim o juiz disse lá consigo:

— "Ainda que eu não tenha medo de ninguém, todavia como esta viúva me está importunando muito, vou fazer-lhe justiça".

Ora, concluiu Jesus, se o juiz injusto soube fazer justiça depois de muito rogado, quanto mais Deus não atenderá aos que lhe clamam por justiça de dia e de noite?"

Desse modo vocês devem orar sempre a Deus e ele os atenderá mais cedo ou mais tarde, porém sempre na hora oportuna. Sem resposta as preces jamais ficarão.

## A PARÁBOLA DO FARISEU E DO PUBLICANO

Entretanto devemos orar com humildade e para ensinar a seus discípulos como se ora com humildade, Jesus contou-lhes a parábola do fariseu e do publicano.

— "Subiram dois homens ao templo, a fazer oração: um fariseu e outro publicano. O fariseu de pé orava desta forma:

"Graças te dou meu Deus, porque não sou como os demais homens, que são uns ladrões, uns injustos, uns pecadores, como é também este publicano. Jejuo duas vezes na semana e pago o dízimo de tudo o que tenho".

O publicano, pelo contrário, posto lá longe, nem sequer ousava levantar os olhos para o céu, mas batia no peito, dizendo:

"Meu Deus, ajuda-me, que sou um pecador".

Afirmo-lhes que o publicano voltou justificado para sua casa e não o outro, porque todo o que se exalta será humilhado, e todo o que se humilha será exaltado", concluiu Jesus.

Vocês repararam na humildade do publicano e no orgulho do fariseu?

— Sim, senhora, respondemos.

— Pois bem; não só em suas orações, como em tudo, sejam sempre humildes, porque o orgulho afasta os homens de Deus.

— Dona Lina, perguntou o João André, o que é pagar o dízimo?

— Dízimo quer dizer a décima parte. Para sustentar o templo, os fiéis davam aos sacerdotes a décima parte do que possuíam ou do que ganhavam. Os fariseus ricos orgulhavam-se de cumprir esse preceito e por isso julgavam-se com maiores direitos do que os pobrezinhos que não podiam pagar. E nessa parábola, Jesus nos mostra que os favores celestes não se compram com moedas, porém se conquistam com a humildade, com os bons pensamentos e com as boas ações.

### JESUS ABENÇOA OS MENINOS

Passava Jesus por uma aldeia e um bando de crianças correu ao seu encontro. Os discípulos se puseram a afastá-las. Mas Jesus chamando a si os meninos, disse:

— "Deixem vir a mim os meninos, porque deles é o reino de Deus. Em verdade eu lhes digo, quem não receber o reino de Deus como um menino, não entrará nele".

— Então o reino de Deus é nosso! exclamou a Joaninha, olhando para todos nós. Nós ainda somos meninos!

— Mas você é menina, observou-lhe o Juquinha.

— É a mesma coisa, atalhou dona Lina. Eram meninos e meninas que estavam ao redor de Jesus. Com isso ele quis dizer que os homens e as mulheres precisam ter um coração simples e puro como o das crianças, para serem dignos do reino dos céus, compreenderam?

— Os homens não tem o coração como o das crianças, dona Lina? perguntou o Roberto.

— Raros o tem. Facilmente os homens se esquecem de conservar o coração simples e puro que tinham no seu tempo de criança; e o enchem de maldades, de inveja, de ambição, de avareza, de ódios, de maledicência, de vícios e de outras coisas más. Com um coração assim, é difícil de entrar no reino de Deus. Para entrar nesse reino, os homens precisam esvaziar o coração dessas coisas ruins, compreenderam agora?

— Sim, senhora.

E com a prece dirigida a toda humanidade, dona Lina despediu-nos.

## O MOÇO RICO

Como de costume, no dia seguinte lá estávamos firmes na hora aprazada. E dona Lina começou:

— Tendo saído Jesus para se pôr a caminho, veio correndo um homem que se ajoelhou diante dele e lhe fez esta pergunta:

— "Bom Mestre, o que devo fazer para alcançar a vida eterna?"

E Jesus lhe respondeu:

— "Por que tu me chamas bom? Ninguém é bom senão Deus".

— Não compreendo esta resposta de Jesus, Lina, falou dona Leonor.

— É uma lição de humildade que Jesus nos dá. Por melhor que sejamos, sempre Deus é melhor do que nós; porque Deus é o senhor da vida; sua bondade é que sustenta o universo, compreenderam?

Mas como lhes ia contando, Jesus disse ao homem:

— "Tu sabes os mandamentos: Não mates, não furtes, não sejas maledicente, não enganes ninguém, honra teu pai e tua mãe".

— Mestre, replicou o homem, todos estes mandamentos tenho observado desde minha mocidade".

Jesus ficou contente e lhe disse:

— "Só te falta uma coisa: vai, vende quanto tens e dá-o aos pobres, e terás um tesouro no céu; depois vem e segue-me".

O homem ficou desgostoso com as palavras que ouvira e retirou-se triste porque era muito rico.

— Também eu ficaria triste se recebesse uma resposta destas, disse o sr. Antônio.

— Sossega, titio. Na realidade, Jesus não queria que o homem se desfizesse de suas riquezas. Ele apenas o experimentou para ver se ele era capaz de renunciar às coisas da Terra em benefício das do Céu. Porque enquanto estivermos

117

agarrados aos bens transitórios do mundo, não sairemos daqui.

Os discípulos também se espantaram destas palavras, e Jesus lhes disse:

— "Filhinhos, quão difícil é entrarem no reino de Deus os que confiam nas riquezas!"

E admirados, perguntaram a Jesus:

— "Quem pode logo salvar-se?"

— "Para Deus tudo é possível", respondeu Jesus, significando que o Pai sabe como salvar todos os seus filhos. Pedro aproveitou a oportunidade e disse:

— "Eis aqui estamos nós que largamos tudo e te seguimos".

— "Todo aquele, respondeu Jesus, que trabalha por amor de mim e do Evangelho, não ficará sem recompensa".

— E como é, Lina, que poderemos trabalhar por amor de Jesus e do Evangelho? perguntou dona Aninhas.

— Muito facilmente: em primeiro lugar estudando o Evangelho e depois aplicando-o; nada mais.

### JESUS ANUNCIA SUA PAIXÃO

Seguiam, pois, para Jerusalém e, em certa altura do caminho, Jesus chamou à parte seus doze discípulos e lhes disse:

— "Estamos seguindo para Jerusalém onde acontecerá tudo o que os antigos profetas de Israel disseram a meu respeito. Serei preso e açoitado, escarnecido e cuspido e por fim me matarão. Mas eu ressurgirei dos mortos no terceiro dia".

— Que horror! exclamou Joaninha. Então Jesus sabia o que iam fazer com ele e também os profetas?

— Sim, sabia. Os profetas, especialmente Isaías, já tinham anunciado que Deus mandaria à Terra um de seus filhos para ensinar a humanidade a andar pelos caminhos retos. Mas como seus ensinamentos contrariavam os interesses materiais dos poderosos, estes o sacrificariam, como vocês verão.

— E por que Jesus não fugiu, dona Lina? perguntou o Juquinha.

— Porque se ele fugisse, deixaria de legar-nos outros ensinamentos elevados, e os que ele já tinha dado aos seus discípulos perderiam o valor.

— E os apóstolos, dona Lina, o que disseram?

— No momento não compreenderam o aviso de Jesus e calaram-se.

— Por que iam eles de novo a Jerusalém? perguntou o Juquinha.

— Como de costume, para assistir às festas da Páscoa.

## O CEGO DE JERICÓ

Ao chegarem a uma cidade chamada Jericó, encontraram um cego sentado à beira da estrada e pedindo esmolas.

Ouvindo o tropel da gente que passava, o cego perguntou o que era aquilo. Responderam-lhe que era Jesus quem passava.

No mesmo instante ele se pôs a gritar, dizendo:

— "Jesus tende piedade de mim. Tende piedade de mim, Jesus.

Jesus pediu a seus discípulos que o fossem buscar; e quando ele chegou, fez-lhe esta pergunta:

— "O que queres que eu te faça?"

— "Senhor, que eu veja", respondeu-lhe o cego.

E Jesus lhe disse:

— "Vê, a tua fé te curou".

Imediatamente o cego recobrou a vista e, louvando a Deus, o seguiu. E todo o povo que presenciou aquilo admirou-se e deu louvores a Deus.

E agora ponto final por hoje. Vamos orar por todos os nossos entes queridos que estão em casa: pelo papai, pela mamãe, pelos irmãozinhos.

— Pela empregada também? perguntou a Cecília.

— Sim, também; diante do Pai Altíssimo, ela é nossa irmã.

## ZAQUEU, O PUBLICANO

Na noite seguinte, a história prosseguiu da seguinte maneira:

— No tempo de Jesus, Jericó era uma bonita cidade com palácios, teatros e jardins maravilhosos. O movimento da cidade devia ser grande, pois era o ponto de encontro dos peregrinos judeus que vinham da Pérsia e da Galiléia e se dirigiam a Jerusalém. Ficava no centro dum oásis de palmeiras e de figueiras. Era célebre pelo bálsamo que produzia.

A Jericó que Jesus conheceu foi destruída pelos generais romanos, Vespasiano e Tito, para sufocarem uma revolta dos judeus. Hoje é uma simples aldeia.

Jesus entrou em Jericó e atravessava a cidade, seguindo o seu caminho. Ora, vivia nela um homem chamado Zaqueu, e ele era um dos principais entre os publicanos e pessoa rica.

Zaqueu procurava ver Jesus para saber quem era e não o conseguia por causa do povo que o rodeava, porque Zaqueu era de baixa estatura.

Que fez então Zaqueu? Correu adiante e subiu numa figueira, por onde Jesus tinha de passar; dali o veria bem.

Ao chegar Jesus àquele lugar, levantou os olhos, viu o homem agarrado num galho e disse-lhe:

— "Desce depressa, Zaqueu, porque hoje eu me hospedarei em tua casa".

— Que sorte a dele! exclamou o Pedro Luís. Agora sim ele poderá ver Jesus à vontade.

— Zaqueu desceu rapidamente e levou Jesus para sua casa, cheio de alegria. Muita gente não gostou daquilo e começou a dizer que Jesus fora hospedar-se na casa de um pecador.

Entretanto Zaqueu conversando com Jesus, disse-lhe:

— "Senhor, quero dar aos pobres metade da minha riqueza e no que eu tiver defraudado alguém, hei-de pagar-lho quatro vezes mais.

Jesus ouviu com atenção e disse-lhe:

— "Hoje entrou a salvação em tua casa, Zaqueu. Porque eu vim buscar e salvar o que estava perdido".

## PARÁBOLA DOS DEZ TALENTOS

Já nas proximidades de Jerusalém, descansavam um pouco à sombra de frondosa árvore, Jesus lhes narrou a parábola dos dez talentos.

— "Tendo de fazer uma longa viagem, um homem chamou os seus servos e lhes entregou os seus bens.

E deu a um cinco talentos, a outro dois, a outro deu um, a cada um segundo a sua capacidade e partiu.

O servo que recebeu os cinco talentos negociou com eles e ganhou outros cinco. Do mesmo modo o que recebera dois, ganhou outros dois. Mas o que tinha recebido um, fez um buraco na terra e escondeu ali o dinheiro de seu senhor.

Muito tempo depois, veio o senhor daqueles servos e chamou-os a contas".

— Dona Lina, o que é um talento? perguntou o Antôninho.

— Talento era uma moeda antiga da Grécia e de Roma, de muito valor: valia seis mil dracmas.

— "Chegou-se a ele o servo que havia recebido cinco talentos, e apresentou-lhe outros cinco talentos, dizendo-lhe:

— "Senhor, tu me entregaste cinco talentos, eis aqui tens outros cinco mais que lucrei".

O senhor lhe respondeu:

— "Muito bem, servo bom e fiel, já que foste fiel nas

coisas pequenas, dar-te-ei também as grandes; participa dos bens de teu senhor".

Do mesmo modo apresentou-se também o que havia recebido dois talentos e disse:

— "Senhor, tu me entregaste dois talentos; aqui tens outros dois que ganhei com eles".

O senhor lhe respondeu:

— "Bem está, servo bom e fiel, já que foste fiel nas coisas pequenas, dar-te-ei também as grandes; participa dos bens de teu senhor".

Por fim chegou o que havia recebido um talento e disse:

— "Senhor, eu escondi o teu talento na terra e agora venho devolvê-lo a ti; ei-lo, aqui tens o que é teu".

O senhor lhe respondeu:

— "Servo mau e preguiçoso, já que não quiseste pôr o teu talento a render, devias logo dar o meu dinheiro aos banqueiros para que eu recebesse com juros o que era meu. Tirem-lhe o talento e o dêem ao que tem dez talentos. Quanto a este servo preguiçoso, lancem-no fora para que ele aprenda por si próprio a fazer render o seu talento".

Logo que dona Lina acabou de contar-nos esta parábola, pedimos-lhe que nô-la explicasse melhor; e ela explicou:

— O senhor é Deus e os servos somos todos nós. Ao nascermos, Deus concede a cada um de nós alguns talentos: a uns mais a outros menos, porém sempre de acordo com o trabalho que ele quer que realizemos durante nossa vida. Esses talentos podem ser: a inteligência, o poder, a riqueza, e outros mais. Para sermos bons servos, é preciso que façamos render nossos talentos em benefício de nosso próximo. O servo mau e preguiçoso é o egoísta que só usa para si os talentos que Deus lhe concedeu.

— Ainda que os usassem só para si, disse dona Aninhas. E aqueles que os usam para prejudicar os outros?

— Esses são mais infelizes ainda, respondeu dona Lina. Quando a morte os fizer passar para o lado de lá da vida, chorarão lágrimas amargas.

— Os pobres não têm talentos, não é, dona Lina? perguntou a Cecília.

— O talento dos pobres é a própria pobreza, minha filha. Ela lhes renderá outros talentos, que são: o gosto pelo trabalho honesto, a calma, a simplicidade, a paciência e a resignação.

## A ENTRADA TRIUNFAL DE JESUS EM JERUSALÉM

E caminhavam todos para Jerusalém, indo Jesus na frente.

Ao aproximarem-se do monte das Oliveiras, onde se situavam as aldeias de Betfagé e de Betânia, mandou Jesus que dois de seus discípulos fossem à aldeia que lhes estava fronteira, dizendo-lhes:

— "Lá vocês encontrarão um jumentinho atado, no qual nunca montou pessoa alguma; desamarrem-no e tragam-mo. E se alguém lhes perguntar por que vocês o soltam, respondam-lhe que eu preciso dele".

E tudo aconteceu como Jesus tinha previsto.

Os discípulos cobriram o burrico com seus mantos e Jesus montou nele. Cheios de entusiasmo pelas maravilhas que viram Jesus fazer, puseram-se a cantar em voz alta:

— "Bendito o rei que vem em nome do Senhor; paz na Terra e glória nas alturas".

Alguns fariseus que por ali andavam não gostaram daquilo e disseram a Jesus:

— "Mestre, repreende teus discípulos".

Ao que Jesus respondeu:

— "Se eles se calarem, as próprias pedras clamarão".

— Jesus ia fazer as pedras falarem, dona Lina? perguntou o João André.

— Não, meu bem. Ele quis dizer que só os cegos é que não enxergavam as obras que testemunhavam seu amor pela humanidade.

Avistando a cidade de Jerusalém e chegando perto dela Jesus chorou dizendo:

— "Ah! se aceitasses aquele que te pode trazer a paz! Porque virá um tempo funesto para ti, no qual teus inimigos te cercarão de trincheiras e te destruirão e matarão teus filhos; e de ti não ficará pedra sobre pedra!"

— Que horror, dona Lina! E isso aconteceu! exclamamos e perguntamos todos ao mesmo tempo.

— Sim. Aconteceu. Como já lhes contei, a Palestina estava sob o domínio Romano, do que os judeus, naturalmente, não gostavam. Lá pelo ano setenta da era cristã, eles se revoltaram contra Roma e sustentaram uma guerra contra ela. Dois generais romanos, Tito e Vespasiano, cercaram a cidade, arrasaram-na completamente e passaram pela espada todos os seus habitantes. Jerusalém ficou reduzida a ruínas calcinadas e nela cresceu o mato. Com o decorrer dos séculos, ela se reconstruiu aos poucos, sendo hoje uma cidade moderna e confortável. Mas da Jerusalém do tempo de Jesus nada restou; e dificilmente se encontra alguma coisa que lembre o passado.

— E se tivessem aceitado Jesus, teriam evitado a destruição, Lina? perguntou dona Leonor.

— Sim, titia. Se aceitassem os ensinamentos de Jesus, aplicariam o mandamento "amai-vos uns aos outros". Com o tempo conquistariam os romanos pelo bem e conseguiriam a liberdade de seu país, pela suave força da concórdia e da fraternidade.

## O SERMÃO PROFÉTICO; O PRINCÍPIO DAS DORES

Porém não foi só para Jerusalém que Jesus profetizou dores e fim trágico. Para a humanidade toda ele predisse a mesma coisa, se não aceitasse e aplicasse seus mandamentos de paz, amor, perdão, assim enunciados por ele:

"Amem-se uns aos outros.

Amem a Deus sobre todas as coisas e ao próximo como a vocês mesmos.

Não façam aos outros o que vocês não querem que os outros façam a vocês.

Perdoem todas as ofensas que lhes fizerem".

— E como foi essa profecia, Lina? perguntou o sr. Antônio.

— Um dia estavam todos admirando a beleza do templo, os enfeites, as pedras lavradas, as esculturas, e os discípulos chamaram a atenção de Jesus para tudo aquilo.

Ele lhes respondeu:

— "Não se iludam. Dia virá em que de tudo isso não ficará pedra sobre pedra que não seja demolida".

Não lhes vou repetir tudo o que Jesus disse em seu sermão profético, também chamado o sermão das dores. Só lhes digo que ele profetizou grandes sofrimentos para a humanidade, porque ele bem sabia que ela não poria em prática os seus ensinamentos, e com isso atrairia padecimentos sem conta para si mesma. E concluiu avisando assim aqueles que quisessem ter a boa vontade de ouvir e praticar suas palavras:

— "Velem pois sobre vocês mesmos para que não suceda que seus corações se endureçam nas coisas materiais. Façam sempre o bem e ficarão livres dos males que têm de suceder e desse modo se apresentarão confiantes diante de Deus. Passará o Céu e a Terra, mas as minhas palavras não passarão".

Quando dona Lina terminou sua narrativa, estávamos todos impressionados. Ela o notou e convidou-nos a fazer a prece da noite por todos os sofredores, por todos os endurecidos no mal, no crime, nos vícios e no egoísmo. Em seguida mandou-nos para casa, confortando-nos com estas palavras:

— Sejam sempre bons. Quem faz o bem merece a proteção de Deus e por isso não deve temer nada.

### A PURIFICAÇÃO DO TEMPLO

Uma ocasião Jesus entrou no templo e achou a muitos vendendo bois, ovelhas e pombos; e cambiadores lá sentados. Ficou indignado com aquilo e com aquela falta de respeito; tomou duma corda, fez com ela um chicote e expulsou todos do templo, dizendo:

— "Tirem tudo isso daqui e não façam da casa de meu Pai uma casa de negócios".

— Ele fez muito bem, disse o sr. Antônio. A religião é uma coisa santa e não um meio de ganhar dinheiro.

— Por que, dona Lina, havia comércio no templo? perguntei.

— Pela lei de Moisés, os judeus tinham de fazer determinadas ofertas de animais para os sacrifícios. E os negociantes os vendiam no átrio do templo. Os cambiadores, que eram os banqueiros daquele tempo, emprestavam e trocavam dinheiro também lá dentro. Os sacerdotes exploravam o templo como se fosse um mercado. Cegos pelos lucros que daí tiravam, pois cobravam por tudo, esqueciam-se de seus verdadeiros deveres de sacerdotes, deixando o povo na ignorância. Jesus percebeu isso e se indignou.

O povo o aplaudiu, mas os sacerdotes, os escribas e os fariseus não gostaram da lição; daquele dia em diante, puseram-se a procurar um motivo para acabarem com Jesus. Porém não achavam meios de lhe fazerem mal, porque o povo todo o acompanhava para ouvi-lo.

## O BATISMO DE JOÃO

Os sacerdotes, os escribas e os fariseus não perdiam oportunidades de fazer perguntas a Jesus e de espioná-lo para apanharem-no em alguma falta.

Uma ocasião em que Jesus ensinava o povo e anunciava-lhe o Evangelho, ajuntaram-se todos e lhe falaram nestes termos.

— "Dize-nos com que autoridade fazes tu estas coisas? Quem é que te deu este poder?"

E dona Lina, fazendo ligeira pausa, disse-nos:

— Vocês devem estar lembrados do que lhes falei sobre João Batista no deserto, e de como o povo o ouvia, não é verdade?

— Sim, senhora. É aquele que se alimentava de gafanhotos e mel silvestre nas margens do Jordão, respondeu a Joaninha.

— Esse mesmo. Lembrando-se de que eles não gostaram de João, Jesus lhes disse:

— "Também eu lhes farei uma pergunta: Respondam-me se o batismo de João era do céu ou era dos homens?"

Diante dessa pergunta, eles se calaram e ficaram pensando entre si: "Se dissermos que era do céu, ele nos perguntará porque então não acreditamos em João. Se dissermos que era dos homens, o povo nos apedrejará, porque o povo está certo de que João era um profeta". E responderam que não sabiam donde era.

— "Pois nem eu lhes direi com que autoridade faço estas coisas", respondeu-lhes Jesus.

Reparem na diferença de ambiente: Jerusalém é a cidade orgulhosa, onde os doutores da lei menosprezam os ensinamentos de Jesus, e o aborrecem com perguntas astuciosas; mesmo o povo de Jerusalém o segue por curiosidade. Ao passo que na Galiléia todos os seguiam cheios de amor, de fé e simplicidade. E as perguntas que lhe faziam eram ditadas pelo desejo de se esclarecerem, de melhorarem, de aprenderem.

— Por que os sacerdotes desprezavam os ensinamentos de Jesus, dona Lina? perguntou a Cecília.

— Porque seus ensinamentos eram contrários aos interesses deles. Jesus ensinava o desapego das riquezas terrenas, principalmente para aqueles que eram guias religiosos do povo. E os sacerdotes faziam da religião um meio de enriquecerem.

### PARÁBOLA DOS FAZENDEIROS MAUS

A propósito, Jesus lhes contou a parábola dos fazendeiros maus:

— "Um homem formou uma fazenda e alugou-a a uns fazendeiros. Em ocasião oportuna, enviou um de seus servos à fazenda, para que os fazendeiros lhe dessem sua parte nos frutos da fazenda. Mas os fazendeiros não obedeceram ao trato, bateram no servo e o mandaram de volta com as mãos vazias. A mesma coisa fizeram com mais dois ou três servos que o dono da fazenda lhes enviou. Por fim o homem disse:

— "O que hei de fazer? Mandarei meu filho amado, por certo que quando o virem, o respeitarão". Porém os fazendeiros o mataram.

— "O que fará, perguntou Jesus aos que ouviam, o que fará o dono da fazenda a estes fazendeiros maus? Sem dúvida nenhuma os castigará e lhes tirará a fazenda".

— Explique-nos essa parábola, Lina, pediu o sr. Antônio.

E dona Lina gentilmente explicou:

— O homem, dono da fazenda, é Deus. A fazenda é o mundo. Os fazendeiros a quem ele alugou a fazenda são os sacerdotes aos quais cumpria guiarem a humanidade para Deus. Mas estes se iludiram pelas riquezas da Terra e se puseram a explorar o povo e a conservá-lo na ignorância, em lugar de esclarecê-lo quanto às coisas divinas. Os servos enviados são os homens que vieram para chamar a atenção dos sacerdotes, mas não foram ouvidos. Por fim o filho é Jesus que também não foi ouvido e ainda o mataram, como vocês verão. E Deus fará com que desapareçam todas as religiões materiais, que serão substituídas pelo Cristianismo puro que Jesus ensinou.

— Dona Lina, disse eu, tenho reparado que a senhora fala muito em servos, por quê?

— Porque naqueles tempos não havia o trabalho livre. Só depois que os ensinamentos de Jesus começaram a se espalhar é que o trabalho passou a dignificar o homem.

E convidando-nos à oração, dona Lina pôs ponto final em sua história daquela noite.

## A QUESTÃO DO TRIBUTO

— Os escribas e os sacerdotes não gostaram da parábola dos fazendeiros maus, continuou dona Lina na noite seguinte, porque compreenderam perfeitamente que era contra eles que Jesus falava.

— O caso é que ele bateu na cangalha para o burro entender, disse dona Aninhas.

— É verdade. Mas continuaram a procurar um pretexto para o prenderem e o entregarem ao poder do governador. Ora, naquele tempo estando o país sob a dominação romana, seus habitantes eram obrigados a pagar um tributo a Roma.

— O que é tributo, dona Lina? perguntou Cecília.

— Entre os Romanos, o tributo era um imposto a que estavam sujeitos os povos dominados. Os judeus se enraiveciam só de pensar em pagá-lo; daí freqüentes casos de rebelião, sangrentas por vezes.

Pois bem, foi com a questão do tributo que resolveram tentar Jesus. Mandaram espias disfarçados que lhe disseram:

— "Mestre, sabemos que falas e ensinas retamente; que não tens preferências por pessoas, mas que ensinas o caminho de Deus em verdade; devemos ou não pagar tributo a César?"

Jesus percebeu o laço que lhe armavam e disse-lhes?

— "Por que vocês me tentam? Mostrem-me uma moeda".

Mostraram-lhe uma moeda de prata e ele perguntou-lhes:

— "De quem é a imagem e a inscrição que ela tem?"

— "De César", responderam-lhe.

— "Pois então vocês devem dar a César o que é de César e a Deus o que é de Deus".

Os espiões ficaram admiradíssimos de sua resposta e se retiraram.

### OS SADUCEUS E A RESSURREIÇÃO

Mas não foi só aos espiões dos escribas e dos sacerdotes que Jesus fez calar: também os saduceus. Já lhes expliquei quem eram os saduceus? Não? Pois os saduceus constituíam uma seita, ou um partido contrário ao dos fariseus, com os quais não concordavam em muitos pontos da lei. Entre esses pontos, negavam que o Espírito ressurgisse, isto é, vivesse depois da morte do corpo.

Pois bem, alguns saduceus se chegaram a Jesus e lhe propuseram a seguinte questão:

— "Um homem morreu e deixou uma mulher viúva. A viúva se casou com outro homem que a deixou também viúva. Esta viúva se casou mais cinco vezes e de todas as vezes enviuvou. No mundo espiritual, de qual homem ela será a mulher?"

Jesus sorriu e respondeu:

— "No mundo espiritual não há maridos nem mulheres. Há somente irmãos e irmãs, pois todos reconhecerão que são filhos de um único Pai, que é Deus, o qual é Deus de vivos e não de mortos, porquanto a morte não existe".

Alguns dos escribas que assistiam ao que se passava, disseram a Jesus:

— "Mestre, respondeste muito bem".

E daquele dia em diante, ninguém ousou fazer-lhe novas perguntas.

### JESUS CENSURA OS ESCRIBAS

Contudo Jesus não perdia oportunidade de mostrar ao povo os erros dos escribas e dos fariseus.

— E fazia ele muito bem! exclamou o Juquinha.

— Uma ocasião, continuou dona Lina, em que o povo o ouvia, disse a seus discípulos:

— "Guardem-se dos escribas e dos fariseus, que andam com vestes compridas; gostam de ser saudados nas praças e nas ruas, e de ocuparem os primeiros lugares nos banquetes.

Eles devoram as casas das viúvas, a pretexto de fazerem largas orações. Cuidado com eles, porque receberão maior condenação".

— Não compreendi bem, dona Lina, falou Roberto.

— É fácil. Os escribas e os fariseus faziam orações pelos mortos e cobravam essas orações, consumindo, por vezes, o pouco que o morto tinha deixado. E como sempre andavam de mãos dadas com os poderosos, orgulhosamente nas solenidades públicas ocupavam os principais lugares, distantes da humildade que deveriam exemplificar. Compreenderam agora?

— Sim, senhora, respondemos.

## A PEQUENA OFERTA DA VIÚVA POBRE

— Havia no templo uma arca, ou seja, uma caixa muito grande, chamada gazofilácio, onde o povo depunha suas esmolas. Um dia Jesus estava ali perto com seus discípulos e observava que os ricos davam muito. E achegou-se à arca uma mulher pobrezinha, viúva, que humildemente lançou nela duas pequeninas moedas. Jesus voltou-se para seus discípulos e lhes disse:

— "Olhem que esta pobre viúva deu mais do que todos os outros. Os outros tinham de sobra para dar, ao passo que ela mal tem para comer".

— Então quem tem muito e dá muito não tem mérito? perguntou dona Aninhas.

— Tem e muito, respondeu dona Lina. Mas a lição de Jesus nos mostra que o mérito da viúva pobre foi grande porque à sua oferta, embora pequenina, ela juntou o sacrifício. E quando o bem é praticado com sacrifício é muito mais meritório do que aquele que foi praticado com todas as facilidades, não é justo?

— É verdade, confirmou dona Aninhas.

— Paremos por aqui. Amanhã entraremos na parte dolorosa de nossa história, quando começam a tramar contra a vida de Jesus. Oremos e despeçamo-nos em nome do Senhor.

## O PACTO DA TRAIÇÃO

— Aproximava-se a Páscoa, prosseguiu dona Lina no dia seguinte, depois de nos ver cada um em seu lugar. O povo seguia alegremente Jesus e agrupava-se ao redor dele para ouvi-lo. De dia ensinava no templo e de noite retirava-se para o sossego do monte das Oliveiras.

— Ele ensinava no templo sem ser sacerdote, dona Lina? perguntou o Juquinha.

— Sim. Jesus não era sacerdote mas tinha o direito de ensinar porque conhecia as Escrituras, do que tinha dado provas muitas vezes. E como o templo era enorme, cabiam nele milhares de pessoas; quem quisesse ensinar, arranjava um canto e lá, rodeado de seus discípulos e de ouvintes, dava as lições. O cantinho de Jesus estava sempre cheio; e como ele freqüentemente mostrava os erros dos sacerdotes, os quais viviam em desacordo com as leis de Deus, os sacerdotes lhe tinham ódio, e andavam procurando um meio de matá-lo.

— Só por isso já se vê que eles estavam mesmo muito afastados das leis divinas, comentou dona Leonor.

— Vocês se lembram de que um dos seus discípulos se chamava Judas Iscariote. Pois foi esse que os sacerdotes escolheram para instrumento de suas maquinações; chamaram-no, fizeram-lhe uma porção de promessas, deram-lhe dinheiro e acabaram por convencê-lo de que deveria ajudá-los a prender Jesus. Ele concordou e esperou uma oportunidade para entregar o Mestre, sem que o povo se alvoroçasse.

— Que judiação! exclamou o João André.

### JESUS LAVA OS PÉS DOS SEUS DISCÍPULOS

— Jesus gostava de dar exemplos concretos de como nos devemos tratar uns aos outros, continuou dona Lina. Com seus exemplos ele nos ensina claramente como podemos agir com bondade, amor e humildade para com nosso próximo. Um de seus exemplos mais belos é aquele que ele lava os pés de seus discípulos.

Como vocês sabem, lavar os pés dos outros é um ato de muita humildade e, naquele tempo, era obrigação dos servos lavar os pés de seus senhores.

Pois bem, Jesus um dia cingiu-se com uma toalha e lavou os pés de seus discípulos, embora Simão Pedro protestasse. Depois sentou-se com eles de novo à mesa e disse-lhes:

— "Vocês compreenderam o que fiz? Vocês me chamam de Mestre e Senhor e fazem bem porque de fato o sou. Ora, se eu, Senhor e Mestre, lhes lavei os pés, vocês também devem lavar os pés uns dos outros; porque eu lhes dei o exemplo para que, como eu lhes fiz, vocês façam também".

— Lá em casa, mamãe não deixa ninguém ir dormir sem lavar os pés, disse a Cecília. Eu lavo os pés de meus irmãozinhos.

— Lina, disse dona Aninhas, a reforma de minha chácara está quase terminada. De comum acordo com meu marido, nós a transformamos num asilo para os pobrezinhos desamparados. Quero que você vá inaugurá-lo antes de ir para o colégio.

Dona Lina ficou visivelmente emocionada; em seus grandes olhos negros brilhou uma lágrima, que ela não queria deixar cair e falou-nos:

— Vejam vocês o poder de Jesus sobre nossos corações; graças à sua história que mal e mal lhes estou contando, os pobrezinhos daqui já vão possuir o seu abrigo. Por aí vocês podem avaliar, ainda que palidamente, as transformações pelas quais passou e está passando o mundo sob o influxo poderoso de suas palavras.

— É verdade! A ele devemos toda nossa gratidão! exclamou o sr. Antônio.

— Por isso devemos lembrarmo-nos sempre do que ele afirmou um dia a seus discípulos: "Eu sou a luz que vim ao mundo, para que todo aquele que crê em mim não permaneça nas trevas!

Dona Lina agradeceu o convite e disse que fazia questão de que todos nós estivéssemos presentes com nossas famílias. E convidando-nos a orar, encerrou a história daquela noite.

### A ÚLTIMA PÁSCOA, A SANTA CEIA

Contei em casa que dona Aninhas estava fundando um abrigo para crianças abandonadas, para cuja inaugurção estávamos todos convidados. Papai achou a idéia muito louvável e prometeu colaborar em tudo o que estivesse em seu alcance. E quando nos reunimos ao pé de dona Lina, ela assim continuou:

— Era chegado o dia da Páscoa.
— O que é a Páscoa, dona Lina? perguntou o Juquinha.
— A Páscoa é a principal festa do povo judeu, que a celebra em memória de sua saída do Egito, onde vivia escravizado. O povo hebreu guiado por Moisés estabeleceu-se na Palestina, que se tornou uma nação rica e poderosa. Para nós é o dia em que comemoramos a ressurreição de Jesus.

Jesus mandou que Pedro e João fossem preparar a Páscoa.
— "Onde?" perguntaram-lhe.
— "Quando vocês entrarem na cidade, respondeu-lhes Jesus, vocês verão um homem levando uma bilha d'água; sigam-no até a casa em que ele entrar e digam-lhe:
— O Mestre te manda dizer: 'Onde está o aposento que me dás para eu nele comer a páscoa com os meus discípulos?' Ele lhes mostrará uma grande sala toda ornada e façam ali os preparativos".

Eles foram e acharam tudo como o Senhor lhes dissera e prepararam a páscoa.

Chegada a hora, Jesus sentou-se à mesa com seus doze discípulos e disse-lhes:
— "Desejei ardentemente comer esta páscoa com vocês, antes de minha morte; porque um de vocês me há de trair, entregando-me aos sacerdotes".

E todos os discípulos começaram a perguntar quem seria.

### O MAIOR SERÁ COMO O MENOR

Estando os discípulos conversando durante a ceia, surgiu a questão de qual deles seria o maior. Jesus ouvia-os, pensativo, e quando julgou oportuno disse-lhes:
— "Vocês vêem que aqui na Terra os poderosos são chamados os maiores e têm quem os sirva. No reino dos céus não é assim, lá, quem quiser ser o maior deverá esforçar-se por ser o menor, servindo a seus irmãos".

Também vocês, continuou dona Lina, dirigindo-se a nós, se quiserem ser grandes diante de Deus, aprendam a servir a todos os que os procurarem, a servir a todos os pobrezinhos necessitados.

## PEDRO É AVISADO

Jesus voltou-se para Pedro e disse-lhe:

— "Pedro, diante do que me vai acontecer, você fraquejará na fé; mas eu fiz orações por você, para que você se fortifique e, uma vez fortificado novamente na fé, você ampare seus irmãos".

Resolutamente Pedro respondeu-lhe:

— "Senhor, estou pronto a ir contigo até a morte".

— "Pedro, disse Jesus, antes que o galo cante hoje, você me negará três vezes".

## AS ÚLTIMAS INSTRUÇÕES DE JESUS A SEUS DISCÍPULOS

Terminada a ceia, já noite, dirigindo-se para o Monte das Oliveiras onde costumava pernoitar, Jesus deu estas últimas instruções a seus discípulos:

— "Dentro em pouco partirei deste mundo, mas um novo mandamento lhes dou e é que vocês se amem uns aos outros, como eu os amei. E se vocês se amarem uns aos outros, todos conhecerão que vocês são meus discípulos.

Não se perturbem jamais; creiam em Deus e creiam também em mim. Na casa de meu Pai há muitas moradas. Eu vou na frente para lhes preparar o lugar. Para que, os que me amam e seguem meus ensinamentos, estejam sempre comigo.

Eu sou o Caminho, a Verdade e a Vida; ninguém chegará ao Pai a não ser por mim. Se vocês me amarem, guardarão os meus ensinamentos.

Não deixarei vocês órfãos; rogarei ao Pai e ele lhes mandará outro Consolador, o Espírito da Verdade, que lhes ensinará muitas outras coisas e relembrará todas as minhas palavras.

Deixo-lhes a minha paz, a minha paz lhes dou. Não tenham medo de nada.

Eu sou a videira verdadeira e o meu Pai é o lavrador. Vocês são as varas que dão frutos em mim".

Dona Lina ainda por algum tempo continuou repetindo as últimas instruções de Jesus; depois nos disse da belíssima prece que ele fez por seus discípulos. Estávamos todos emocionados. Ela falava com tal suavidade, que suas palavras nos tocavam no íntimo do coração. Por fim, fizemos a prece e fomos para casa trazendo em nossa alma a visão espiritual de Jesus.

## JESUS EM GETSÊMANI

Uma certa tristeza nos invadia à medida que os dias passavam; aproximava-se o reinício das aulas e com ele a partida de dona Lina. Notávamos que os preparativos se faziam, embora vagarosos. Pela porta do quarto, entreaberta para a sala de jantar, víamos que as malas começavam a ser feitas, para não ficar tudo para a última hora, como dizia dona Leonor. E dona Aninhas apressava o mais que podia as obras do asilo, para que houvesse tempo de dona Lina inaugurá-lo; e todos os dias dava-lhe conta do andamento das coisas. Tratavam agora da mobília, uma mobília simples mas boa, afirmava dona Aninhas.

Nossa tristeza mais aumentou, quando uma noite dona Lina nos disse:

— Vamos entrar na parte dos sofrimentos que Jesus suportou; ele será preso e crucificado. A ingratidão dos homens está para cair com todo o seu peso sobre aquele que veio trazer a luz ao mundo.

E notando que os semblantes se anuviavam, apressou-se a acrescentar:

— Mas não se aflijam. Logo em seguida virá a ressurreição gloriosa, pela qual Jesus nos prova que a morte não existe. E como ele, nós também, após a morte do nosso corpo, reviveremos felizes no reino de Deus.

Havia nos subúrbios de Jerusalém aprazíveis recantos, chácaras, pomares, vilarejos, onde Jesus gostava de passar a noite, longe do bulício da cidade grande. Ali descansava em paz, refazendo suas forças para o trabalho do dia seguinte.

Uma ocasião, como costumava, foi para o Monte das Oliveiras em Getsêmani, e seus discípulos o seguiram.
— O que quer dizer Getsêmani, Lina? perguntou o sr. Antônio.
— Getsêmani é formada de duas palavras hebraicas e quer dizer lugar onde se faz azeite.
— Mas como a senhora sabe, dona Lina! exclamou o Juquinha.
— Sei porque estudo. Estudem e saberão. Chegando àquele lugar, Jesus pediu a seus discípulos que orassem. Afastou-se deles, ajoelhou-se e orou dessa maneira:
— "Pai, se queres passa de mim este cálice; todavia não se faça a minha vontade, mas a tua".

Jesus orava e se agoniava, porém orava intensamente; e a seu lado apareceu um anjo de Deus que o confortava.

Como vocês vêem, ele percebeu que tinha chegado a hora de seu sacrifício; e sentindo-se fraco, pediu forças ao Pai, para não falhar no momento supremo.

— Havia mesmo necessidade de seu sacrifício, Lina? perguntou dona Leonor.

— Não podemos penetrar todos os desígnios de Deus a respeito de seus filhos, titia. Mas certa vez Jesus se comparou a um grão de trigo. Se o grão de trigo não suportar o sacrifício de ser plantado no seio escuro da terra, não haverá colheita. Assim Jesus, com o seu sacrifício, exemplificou sua doutrina até o fim. Além disso, não poderia dar-nos algumas lições só possíveis mediante o seu sacrifício e sua doutrina se perderia. Com o exemplo de sua morte e de sua ressurreição é que os discípulos ganharam ânimo inquebrantável para espalharem pelo mundo os seus ensinamentos, nascendo desse movimento o Cristianismo, ou a doutrina do Cristo.

Depois que Jesus sentiu-se fortificado pela oração, achegou-se a seus discípulos e achou-os dormindo; acordou-os, dizendo:

— "Levantem-se e orem para não caírem em tentação".

## JESUS É PRESO

Estava Jesus ainda falando, quando surgiu uma multidão, na frente da qual vinha Judas, um dos seus doze discípulos.

Judas aproximou-se de Jesus e deu-lhe um beijo na face, indicando desse modo que era aquele que deviam prender.

Jesus percebeu a traição e disse-lhe:

— "Judas, é com um beijo que me trais?"

Os discípulos vendo o que ia suceder, esboçaram uma leve resistência. Mas Jesus os proibiu dizendo:

— "Basta".

E dirigindo-se Jesus aos sacerdotes e guardas do templo que o tinham vindo prender, disse-lhes:

— "Vocês vieram prender-me armados de espadas e varapaus como se eu fosse um salteador. No entanto todos os dias eu estava com vocês no templo, ensinando, e vocês não estenderam as mãos contra mim".

— Uma judiação! exclamou a Joaninha. E Judas, o que aconteceu a Judas?

— Judas depois arrependeu-se muito do que tinha feito; foi ao templo e atirou o dinheiro ao rosto dos sacerdotes, declarando que Jesus era inocente. Mas os sacerdotes não quiseram ouvi-lo.

## PEDRO NEGA JESUS

E prenderam Jesus e o levaram para a casa do sumo sacerdote. Pedro, querendo saber o que fariam com o Mestre, seguia-o de longe.

E os outros discípulos, dona Lina? perguntamos.

— Todos fugiram. Acenderam uma fogueira no meio do pátio e Pedro sentou-se entre os que se aqueciam ao pé dela. Passou uma criada do sumo sacerdote, viu-o e disse, apontando-o:

— "Este também estava com ele".

— "Mulher, não o conheço", negou Pedro rudemente.

— Oh! exclamou a Joaninha. Bem que o Mestre avisou.

— De nada valeu o aviso, continuou dona Lina. Pedro teve medo de ser preso também. Não demorou nada e um outro reparando nele disse:

— "Você também é um deles".

— "Homem, não sou!" gritou Pedro.

— Segunda vez que o nega, falou o Juquinha.

— Continuaram aquentando-se ao fogo e quase uma hora depois, um outro afirmou:

— "Também este verdadeiramente estava com ele, pois também é galileu".

Pedro ficou nervoso e respondeu:

— "Homem, não sei o que você diz".

Nem bem acabou de falar, cantou o galo. Jesus estava preso numa sala ao lado, que dava para o pátio e contemplava-o compadecido de sua fraqueza. Como que tocado por aquele olhar, Pedro voltou-se, viu o Mestre e lembrou-se de suas palavras: "Hoje, antes que o galo cante, me negarás três vezes".

Pedro abaixou a cabeça envergonhado, sentindo uma funda dor no coração, saiu do pátio e chorou amargamente arrependido.

— Coitado de Pedro! exclamou o João André.

— Mas também por que ele ficou ali exposto àquelas tentações? Já que ele nada podia fazer, devia ir-se embora, falou dona Leonor.

— No caminho da espiritualidade que todos nós estamos percorrendo sob a inspiração de Jesus, precisamos ter muito cuidado para que também nós não neguemos o Mestre, pelo nosso desrespeito a seus ensinamentos, concluiu dona Lina, convidando-nos a orar, finalizando assim a narrativa.

### JESUS PERANTE O SINÉDRIO

Esqueci-me de lhes dizer que o sr. Manoel, lembram-se? vinha de vez em quando ouvir dona Lina. E trazia um pacote de balas que repartia entre todos nós. Nessa noite ele veio e dona Lina continuou sua história assim:

— Os homens que vigiavam Jesus, puseram-se a judiar dele; vendaram-lhe os olhos e davam-lhe socos no rosto dizendo-lhe que adivinhasse quem foi.

— Mas isso não se faz a nenhuma criatura! exclamou o sr. Manoel.

— E não se faz mesmo, confirmou dona Lina. Logo que amanheceu, ajuntaram-se os escribas, os sacerdotes e os anciões do povo e o conduziram ao seu tribunal, chamado sinédrio. O sinédrio era o tribunal ou conselho supremo dos antigos judeus, composto de sacerdotes, de velhos e de escribas.

Lá chegados, perguntaram a Jesus:

— "És tu o Cristo? Vamos, dize-nos".

Ao que ele respondeu:

— "Se eu lhes disser, vocês não acreditarão e também não me soltarão. Mas de agora em diante, estarei sentado à direita do poder de Deus".

Todos então lhe perguntaram:

— "Então logo tu és o Filho de Deus?"

— "Vocês dizem que eu sou", respondeu-lhes Jesus.

— "Ele está blasfemando. De que provas mais necessitaremos? Pois nós mesmos o ouvimos de sua boca".

— Mas que tolos! exclamou o Juquinha. Pois todos nós não somos filhos de Deus? Ele é o Pai de todos!

— Claro. Mas os sacerdotes queriam condenar Jesus de qualquer maneira, porque não gostavam das verdades que ele lhes dizia, não é, Lina? falou dona Leonor.

— Realmente, assim era, titia. Jesus não poderia escapar das mãos deles, a não ser que traísse a missão grandiosa que o trouxera à Terra.

**JESUS PERANTE PILATOS E PERANTE HERODES**

Vocês sabem que os judeus naquela época estavam sob o domínio dos romanos. Portanto, só os romanos é que podiam aplicar a pena de morte. O governador romano da

Judéia era Pôncio Pilatos, como lhes disse no começo. Por isso foi a Pilatos que levaram Jesus. Lá chegando, acusaram-no dizendo que ele pervertia o povo, proibia dar tributos a César e afirmava ser Cristo, o rei.

Pilatos perguntou-lhe:

— "Tu és o rei dos judeus?"

— "Tu o dizes", respondeu-lhe Jesus.

Pilatos dirigiu-se aos sacerdotes e ao povo e disse-lhes:

— "Não acho culpa neste homem".

Mas os sacerdotes insistiram dizendo:

— "Ele alvoroça o povo ensinando por toda a Judéia, começando desde a Galiléia até aqui".

Então Pilatos, ouvindo falar da Galiléia, perguntou se aquele homem era galileu. E como a Galiléia estava sob o governo de Herodes, mandou-o para ele, pois Herodes naqueles dias também estava em Jerusalém.

— Pilatos queria ver-se livre daquele julgamento, não é, Lina? perguntou o sr. Antônio.

— De fato, titio. Os Romanos em seus julgamentos respeitavam muito as leis, e não condenavam sem provas.

Herodes quando viu Jesus ficou muito contente, porque há tempos que desejava vê-lo.

— Herodes ainda não tinha visto Jesus? perguntou o João André.

— Não. Jesus convivia com os pobrezinhos, com o povo, com os servos, com os escravos. Herodes vivia em seu palácio suntuoso; quando saía à rua era num carro luxuoso e cercado de centenas de guardas. Desse modo, como ele poderia ver Jesus?

Era desejo de Herodes ver Jesus, fazer algum grande milagre em sua presença; dirigiu-lhe muitas perguntas, mas Jesus nada fez e nada respondeu. E Herodes desprezou-o, zombou dele, vestiu-o com um manto vermelho e mandou-o de volta para Pilatos.

Pilatos apresentou Jesus ao povo e aos sacerdotes dizendo:

— "Vocês me trouxeram este homem acusando-o de perverter o povo; examinei-o em frente de vocês e não pude encontrar nele nenhuma culpa de que o acusam: mandei-o a Herodes e também Herodes nada achou nele digno de morte. Vou castigá-lo e depois soltá-lo".

— Mas se o próprio Pilatos viu que Jesus era inocente, para que castigá-lo antes de soltá-lo, Lina? perguntou o sr. Antônio.

— Pilatos queria ver se por esse meio abrandava aquele povo, induzindo-o a deixar que Jesus fosse posto em liberdade, titio.

Havia na cadeia um ladrão famoso e criminoso chamado Barrabás. Era costume pela festa da Páscoa, as autoridades romanas darem liberdade a um preso que o povo pedisse. Compreendendo que Pilatos queria libertar Jesus, os sacerdotes persuadiram o povo que reclamasse a liberdade de Barrabás. E o povo em altas vozes exigiu o perdão de Barrabás e a condenação de Jesus ao suplício da cruz.

Vendo que nada conseguia, Pilatos soltou o ladrão e entregou Jesus aos sacerdotes para que fizessem dele o que quisessem. E Jesus foi condenado pelo sinédrio a morrer na cruz.

— Explique-nos o que era o suplício da cruz, dona Lina, pediu o Antoninho.

— A morte na cruz era reservada apenas aos escravos, ladrões, salteadores e criminosos. Consistia em pregarem o condenado em duas traves em forma de T e ali o deixavam morrer. Uns condenados, os fortes, resistiam mais, havendo exemplos de condenados resistirem até oito dias; os fracos resistiam menos, morrendo mais depressa. Depois de mortos, se ninguém reclamasse o corpo, ficavam lá apodrecendo. Foi esse o gênero de morte que destinaram a Jesus, como se fosse um criminoso vulgar. Espalhando-se o Cristianismo pelo mundo, o suplício da cruz foi abolido.

Colocaram uma cruz às costas de Jesus e o levaram para ser crucificado numa colina, fora da cidade, chamada Gólgota. O próprio condenado era obrigado a levar sua cruz.

Grande multidão de povo foi assistir ao suplício e de caminho obrigaram um homem a ajudar Jesus. E seguiam mais dois malfeitores para também serem crucificados.

Paremos aqui por hoje. Vamos orar pedindo a Jesus que nos dê forças para carregarmos também nossa cruz, com muita paciência e sem revolta.

E pronunciando belíssima prece, dona Lina mandou-nos para casa, ficando apenas o sr. Manoel conversando com o sr. Antônio.

### A CRUCIFIXÃO

— Como eu lhes contava ontem, prosseguiu dona Lina, levaram Jesus ao monte Calvário, ou Gólgota, e lá o crucificaram entre dois ladrões, um à sua direita e outro à sua esquerda.

A roupa dos condenados pertenciam aos soldados romanos, os quais sortearam entre si as vestes de Jesus.

Os sacerdotes, o povo, e os fariseus zombavam dele, os soldados riam-se e lhe davam vinagre para beber. No alto da cruz, Pilatos mandou colocar um cartaz com os dizeres: "Este é o Rei dos Judeus".

Jesus, apesar do sofrimento atroz, olhou compadecido para aquela multidão insensata, e rogou a Deus por ela, dizendo:

— "Pai, perdoai-os a todos, porque não sabem o que estão fazendo".

E pelas três horas da tarde, houve um grande temporal, acompanhado de trovões, relâmpagos e tremores de terra.

E Jesus clamou em voz alta:

— "Pai, em tuas mãos entrego o meu espírito". E morreu.

O comandante dos soldados, vendo o que tinha acontecido, exclamou:

— "Na verdade, este homem era um justo".

E toda a multidão tristemente arrependida voltou para a cidade.

Estávamos muito comovidos; Joaninha chegou mesmo a soluçar. Mas dona Lina continuou com voz mais alegre.

## A SEPULTURA DE JESUS

— Havia um homem bondoso em Jerusalém chamado José; era natural da Arimatéia, uma cidade da Judéia, o qual ouvira Jesus ensinar, e como compreendeu que ele pregava a verdade, ficou gostando muito dele. Esse homem foi pedir licença a Pilatos para tirar da cruz o corpo de Jesus e dar-lhe sepultura digna. Pilatos consentiu e José de Arimatéia desceu o corpo, lavou-o bem, perfumou-o, envolveu-o num lençol e o colocou num sepulcro cavado na rocha, de sua propriedade, e que nunca tinha sido usado. Os discípulos e algumas mulheres que também seguiam Jesus observavam tudo de longe. E seguindo José de Arimatéia viram onde sepultaram Jesus.

— Por que os discípulos não foram reclamar o corpo, dona Lina, perguntou o Antoninho.

— De medo de serem presos. Isto se passou na sexta-feira. Voltaram depois do sepultamento e as mulheres prepararam unguentos para perfumarem o corpo de Jesus. Como no dia seguinte era sábado, nada fizeram, observando o repouso de acordo com a lei.

## A RESSURREIÇÃO

Logo no domingo, muito de madrugada, as mulheres se dirigiram ao sepulcro, levando os perfumes que tinham preparado.

Qual não foi o espanto delas ao verem a pedra que tapava o sepulcro removida, o sepulcro aberto e vazio, vocês não podem imaginar! O corpo desaparecera!

Estando elas ainda muito admiradas e espantadas e perguntando umas para as outras o que poderia ter acontecido, apareceram-lhes dois anjos vestidos de luz resplandecente. Ficaram com mais medo ainda, mas os anjos lhes disseram:

— "Por que vocês procuram o vivente entre os mortos? Ele ressuscitou e não está mais aqui. Vocês não se lembram de que muitas vezes ele lhes disse isso na Galiléia: "Convém que eu seja entregue nas mãos dos homens pecadores, que eu seja crucificado e que eu ressuscite no terceiro dia?"

Então elas se lembraram e voltaram do sepulcro para onde os discípulos estavam escondidos e contaram-lhes tudo o que tinha acontecido. Essas mulheres eram Maria Madalena, Joana de Cuza, e Maria, mãe de Tiago.

Os discípulos não acreditaram; pensavam que elas estavam loucas. Pedro criou coragem, correu ao sepulcro e só viu o lençol no qual José de Arimatéia tinha envolvido Jesus.

— De nada adiantou aos sacerdotes terem feito morrer Jesus, não é, dona Lina? falou a Joaninha já consolada.

— Jesus com sua morte presenciada por todos, e depois aparecendo vivo a todos, quis provar-nos que a morte não existe. Como ele, nós também ressurgiremos felizes no reino de Deus, se seguirmos seus ensinamentos.

### JESUS SE APRESENTA AOS DISCÍPULOS

Ainda durante quarenta dias Jesus permaneceu entre seus discípulos. Pedro foi um dos primeiros que o viu, e depois outros dois que iam a caminho da aldeia de Emaús. Jesus a estes dois explicou porque tudo aquilo tinha acontecido, que era para que se cumprissem as profecias a seu respeito, a fim de que a humanidade, seguindo seus ensinamentos, transformasse a Terra num verdadeiro reino dos céus e não temesse a morte.

E um dia, depois de tê-los exortado a que espalhassem seus ensinamentos pelas nações da Terra, Jesus abençoou-os e na vista deles subiu para os céus. E os discípulos, cheios de alegria e de coragem, voltaram para Jerusalém e daquele dia em diante se puseram a pregar o Evangelho a todas as criaturas.

Aqui dona Lina terminou sua história. Ela ainda ficou conosco mais alguns dias, porém com os preparativos da partida, não teve tempo de nos contar nenhuma outra.

Na tarde dum domingo, cheio de sol, fomos com ela inaugurar o asilo que dona Aninhas construíra. Quase todas as famílias da vila compareceram e assim havia muita gente. Abrigados, já havia alguns pobrezinhos que perambulavam pelas ruas e que agora tinham onde repousar o corpo cansado e envelhecido.

Dona Lina, antes de cortar a fita do portão, pediu que todos a acompanhassem numa prece a Jesus. Ela fez uma prece tão comovente que nossos olhos se encheram de lágrimas.

E no dia seguinte, de manhazinha, o trole do sr. Anselmo levou-a embora.

# O EVANGELHO DOS HUMILDES

## *Eliseu Rigonatti*

Este livro tem origem na fonte inexaurível do Evangelho, e o seu mérito está em ter reunido todos os ensinamentos do Espiritismo até o dia de hoje, e com eles comentar, analisar, explicar, pôr ao alcance dos leitores cada um dos versículos do Evangelho Segundo S. Mateus. E quem diz Evangelho lembra a palavra de Jesus, a qual, nas palavras deste livro, "não envelhecerá; só ela não passará. Rocha inamovível dos séculos, cada geração descobre na palavra de Jesus uma faceta sempre mais brilhante que a anterior, que reflete mais luz, que mais ilumina os viajores que demandam a pátria celeste por entre os caminhos da Terra".

*O Evangelho dos Humildes* foi redigido em linguagem cristalina e que tem o dom da penetração. Eliseu Rigonatti, autor de obras úteis e bem fundamentadas sobre a doutrina espírita, dedicou o volume "aos mansos, porque meu Mestre os chamou bem-aventurados. Almas ternas que repelis a violência, e sabeis usar a força do Amor, este livro vos anuncia o novo mundo que ides possuir!"

EDITORA PENSAMENTO